# Ffenestri Gobaith

## John Emyr

CYHOEDDIADAU'R
GAIR

Llun y clawr: 'Ffenestr Goffa Dilwen a Mair Harris, Capel Bethel,
Penarth' gan yr arlunydd gwydr lliw, Gareth Morgan. Gwireddwyd y
ffenestr gan Jonathan Cooke a Catrin Davies, arlunwyr gwydr lliw.

Ffenestri Gobaith © 2023 Cyhoeddiadau'r Gair

Hawlfraint Testun © John Emyr, 2023.

Golygydd Cyffredinol: Aled Davies
Cysodi: Rhys Llwyd

ISBN 9781859949658

Cyhoeddwyd gyda chymorth ariannol Cyngor Llyfrau Cymru.

Argraffwyd yn Ewrop.

Cyhoeddwyd gan:
**Cyhoeddiadau'r Gair**
Ael y Bryn, Chwilog,
Pwllheli, Gwynedd
LL53 6SH.

www.ysgolsul.com

*I'm hwyrion*
EOS, OLWEN, NOAH, MARTHA, PHOEBE a ROSE

# RHAGAIR

Aeth ugain mlynedd heibio ers cyhoeddi fy nghyfrol *Y Bae a Cherddi Eraill* (2003). Yn ystod cyfnodau'r clo, cefais fy annog i gasglu'r cerddi a luniais ers hynny. Wele, felly, gyhoeddi'r gyfrol bresennol. (Bydd y craff yn sylwi bod un englyn yn perthyn i gyfnod cynharach.)

Yn Nadolig a Blwyddyn Newydd 2009-2010, cafodd fy ngwraig Gwen a minnau gyfle i ymweld â'r Wladfa yng nghwmni'r Parch. Carwyn Arthur a'i wraig Alicia. Yn sgil yr ymweliad hwnnw, lluniais awdl er cof am y genhades Eluned Mair Davies (1935-2009). Daeth yr awdl honno'n fuddugol yng nghystadleuaeth y Gadair yn Eisteddfod Môn 2011: Bryngwran a'r Cylch. Testun y gystadleuaeth oedd 'Gobaith', a'r beirniad oedd y Prifardd Llion Jones.

Yn 2018, lluniais awdl arall er cof am yr Athro R. Geraint Gruffydd (1928-2015) a fu'n ddylanwad llesol ym mywydau nifer a fu'n fyfyrwyr neu'n gyd-weithwyr dan ei arweiniad. Daeth yr awdl honno'n fuddugol yng nghystadleuaeth y Gadair yn Eisteddfod Teulu James Pantyfedwen, Pontrhydfendigaid, 2018. Y testun oedd 'Llwch', a'r beirniad oedd y Prifardd T. James Jones.

Yng ngweddill y casgliad hwn, gwelir cerddi a luniais ar wahanol adegau yn hanes y teulu a'r genedl. Y gobaith Cristnogol yw'r brif thema sy'n rhedeg drwy'r gyfrol. Fe'i cyhoeddir yn y gobaith y bydd o fendith i bwy bynnag fydd yn troi ei thudalennau.

# DIOLCHIADAU

Diolchaf i'r arlunydd gwydr lliw, Gareth Morgan, am ganiatâd i ddefnyddio ar glawr y gyfrol hon ei ddyluniad ar gyfer Ffenestr Goffa Dilwen a Mair Harris, Capel Bethel, Penarth. Yn y Nodiadau sydd yng nghefn y gyfrol, gwelir sylwadau Gareth Morgan ynglŷn ag ystyr y delweddau sydd yn y ffenestr. Diolch hefyd i weinidog Capel Bethel, Penarth, y Parch. D. Kevin Davies, am ganiatâd i ddefnyddio llun o'r ffenestr.

Cyhoeddwyd rhai cerddi eisoes yn y canlynol:
*Barddas*
*Barddas Bach y 'Dolig 2022*
*Taliesin*
*Y Cylchgrawn Efengylaidd*
*Y Traethodydd*
*Papur Menai*
*Y Dinesydd: Papur Pobl Caerdydd a'r Fro*
*Gorwelion: Cylchgrawn Eglwys Efengylaidd Llangefni*

Ymddangosodd cerddi eraill yn:
*Blodeugerdd Barddas o Ganu Newydd*, Golygydd: Frank Olding, Cyhoeddiadau Barddas, 1989
*Cyfansoddiadau a Beirniadaethau Eisteddfod Genedlaethol Cymru Sir Ddinbych a'r Cyffiniau 2013* (Llys yr Eisteddfod Genedlaethol)
*Awen Tawe: Yr ail gasgliad o gerddi gan aelodau o Ddosbarth Cynganeddu Abertawe*, Golygydd: Robat Powell, 2013
*Pigion y Talwrn*, Golygydd: Ceri Wyn Jones, Cyhoeddiadau Barddas, 2016
*Ennyd: Cerddi a darluniau am fagu plant*, John Emyr a Luned Aaron, Gwasg Carreg Gwalch, 2017
*Red Hearts and Roses:Welsh Valentine Songs and Poems*, Golygydd: Rhiannon Ifans, Gwasg Prifysgol Cymru, 2019

Rwy'n ddyledus i'r Parch. D. Densil Morgan am ei anogaeth imi ddal ati i lenydda.

Mae fy niolch i'r Prifardd Robat Powell am ei arweiniad yn y dosbarth cynghanedd yn Abertawe.

Mae fy niolch i'r Parch. Aled Davies, Cyhoeddiadau'r Gair, i'r Parch. Rhys Llwyd am y gwaith dylunio a chysodi gofalus, ac i bawb a hwylusodd y gwaith o gyhoeddi'r gyfrol hon.

Diolch yn arbennig i'm gwraig Gwen am ei chefnogaeth a'i hysbrydoliaeth.


JOHN EMYR
Pasg 2023

# CYNNWYS

## GWYLIAU

## DYCHAN

## DYNGAROL

## GWIREBOL

# CRISTNOGOL

## LLWCH

(*I gofio'r Athro R. Geraint Gruffydd* (1928-2015) )

Y dyneiddiwr a'r dyn hyddysg – ei nawdd
   A roddai i'n haddysg;
  Dirfawr i un diderfysg
  Â doniau mawr fynd o'n mysg.

Morfudd a Dafydd nid ŷnt
Yn yr oed, mor oer ydynt:
Drwy gur, eu stori garu
I aelwyd oer y Pla Du
A giliodd; ni ddaeth golau
Hir ddydd i fendithio'r ddau.

Eto Geraint agorodd
O oes y rhain, megis rhodd,
O'u hanes – *amores* maith
A gwibiog – neges gobaith.

Cân drasig hen a drwsiodd – ac o'i lên
   Goleuni a rannodd;
  O hen feddiant canfyddodd
  Gân yr haul yn gain ei rhodd.

Gyrru'n ôl i'w Egryn wnaf – i hafan
   Ei gynefin cyntaf;
  O fewn ei gartref hynaf,
  Dan drawstiau, golau a gaf.

Gwaraidd, ger tân agored, oedd addysg
  Yr ymddiddan aeddfed;
  O'i lewyrch câi ymglywed
  Â llais y neuadd a'i lled.

Yn ei Egryn unigryw roedd hadau
  Traddodiad diledryw;
  O erwau bach geiriau byw
  Y tyf traddodiad hyfyw.

Moses, ei dad, fu'n gwarchod treftadaeth
Maes a mynydd ar y fferm hwsmonaeth;
I gaeau ei dir rhoddai gadwraeth,
I dir Elenydd deuai'r olyniaeth;
Gŵr o fodd a garai faeth – i fynydd:
Hyn eto a fydd yn etifeddiaeth.

Fel annog gwair Pwllpeiran
O aeaf hir porfa wan,
A hyrwyddo'r tirweddau
Fu erioed yn hynod frau,
Yn llwyr, er hyrwyddo'n lles,
Triniai Geraint yr hanes;
A noddi'r iaith oedd ei ran,
Rhoi'i gof i Gymru gyfan.

Fe fynnai gaer, canolfan geiriau
O fawl ac alaeth cenedlaethau;
Rhoi'i awch a'i fryd ar Uwchefrydiau:
Rhoi'i gaer i waith a rhagoriaethau –

Y gaer ar graig arwyr goreugwaith,
Y gaer hynod â geiriau heniaith
Â'i meini'n gynsail ac yn seilwaith:
Y mae hi'n noddi ymenyddwaith.

Yn y gwaith, tywysog oedd – yn arwain,
  Fel Urien, ei gyrchoedd;
  A thrwy gael ei iaith ar goedd,
  Yn daer enillai diroedd.

Goleuni dysg a lanwai ei dŷ – dysg
  Oedd ei dasg a'i blasty;
  Yn y gwaith, cydlynai'n gu,
  A disglair oedd ei dasglu.

Llais ag anian llysgennad oedd iddo,
  I'w heddiw'n eneiniad;
  Ac â'i lais yn annerch gwlad,
  Aneirin oedd yn siarad.

Gorhoffedd rannai Gruffydd arweinydd:
Hen dir y gân a hoffter o'r gweunydd,
Erwau o egin gwanwyn rhewogydd,
Gwirionedd a choel, toreithiog foelydd;
Goleuni tonnau'r glennydd – nos o haf
Neu eiriau harddaf o enau'r hwyrddydd.

Gŵr o sêl a gwir sylwedd
Wedi'i fyw gludwyd i'w fedd;
Gŵr ei gell dan garreg oer
A'i lais dan garreg lasoer:
Y ffraeth yn gymysg â phridd,
Asbri yn naear isbridd.

Yn ddi-sôn, ei neuadd sydd, â naws môr
  Is mawn y Rhinogydd:
  Annedd geiriau dechrau'r dydd
  Yw Ardudwy'r diwedydd.

## COFIO YSGOLHAIG

*(Yr Athro R. Geraint Gruffydd (1928-2015) )*

Â'n lleisiau'n llif yn ein dyddiau rhwydd,
Prin y sylwem arno
Wrth iddo ddilyn yn ddiwyd
Ei alwad.

Yn Athro cun, hŷn na ni,
Roedd yn ei elfen
Wrth geg y ffynnon
Yr yfodd Taliesin ohoni.

'Cefais lifft ganddo ddoe yn ei fodur chwim,'
Meddwn yn falch
Heb lawn werthfawrogi'r siwrnai
Ddiangof drwy diroedd llên.

Ei ddeall ar dân a'i chwerthin
Yn wers mewn gwyleidd-dra
A'r cyfrolau craff yn dilyn,
Yn ei ddweud cynnil dangosodd
Y llwybr coll at y trysor cudd.

# GOBAITH

*(I Gofio Eluned Mair Davies, Patagonia (1935-2009) )*

*Dyddiau mebyd*

Ym myw glân Bercoed Ganol,[1]
Yn nydd y nawr na ddaw'n ôl,
Ym myw di-len yr ennyd
Ar ffridd bell ddiarffordd byd,
Yn nodded gul, ddiwyd, gaeth
Mae digon mewn cymdogaeth.

A bore cain y llwybr cul
Llond iasau ger Llandysul
Ym Manc-y-ffordd hyfforddai
Geneth gun, yr un a âi
O aelwyd deg golud tir
I'w hoed yn y deheudir.

Heibio i ardal mebyd
A'i hoffter at bellter byd,
Ardaloedd yr oedolyn
A'u gwlad well sy'n galw dyn
O gilfan yr hunan hy'
I waith a gwasanaethu.

*Galwad*

Nid gwyliau i rai ond galwad yw rôl
 Ffarwelio â'u henwlad
 A chael, yn ddiddychweliad,
 Nawdd eu maes yn ddiymwâd.

Yn chwant ysol rheoli
Llwybrau aur i ennill bri,
Enillion sy'n troi'n golli.

Rhy anodd yw i'r hunan
Hyderu ym myd arian
A gamblo i geisio'i gân.

Byw hir nid yw ond berroes;
Llawenydd ennill Einioes:
Daw i rai y Duw a'i rhoes.

Â'i bagiau'n llwyth ymhlith llwythi geriach,[2]
   Beth a gariai'n gwmni
  Ar fordaith ei hirdaith hi?
  Onid stôr o dosturi?

Mynyddoedd yr Andes a'i mynwesodd,[3]
Copâu ysgythrog yn hwyliog welodd;
Dŵr oer y llynnoedd, hi a'i darllenodd,
Holi ei gerrynt am deulu garodd;
Er heulwen, Mair a holodd, ond odid
Amau â gofid y grym a gafodd.

*Cynnal breichiau*

O glaf einioes drwy gulfannau, drwy wyll
   Ymdroellodd, o'i hamau,
  O wlad ei hymholiadau
  I dirion dir un a dau.[4]

Pwy yw'r rhain a fu'n gweini, o'u hangen,
   I'w hing digwmpeini?
  Dylanwad eu haelioni
  Diddiffodd a yfodd hi.

Heb ball, gwerin y pyllau o'i rhuddin
   A roddodd, er amau,
  O ing dur eangderau
  Ei bryd ar ddyfalbarhau.

Diarhebol eu drabwaith, ond eto
   Diatal eu gobaith;
  Cael o waed eu caledwaith
  Anadl i fyw a hoedl faith.


*Asbri'r Wladfa*

Drwy'r cyfnos a'r ddyfnos ddu,
Lladd y gwyll oedd eu gallu;
Ar baith heb anobeithio
Caent atgyfnerthiad y co'
Yn athro mewn dieithrwch
Er oriau llesg erwau'r llwch.

Chwarddiad yn lle galarnadau, o'u haf
   Anghofio'r gaeafau;
  Rhoi eu her i brudd-der brau,
  Rhoi hiwmor yn nhir amau.

Gweld pengwiniaid yn heidio ar rithiol
   Draethell Punta Tombo;[5]
  Mae hirlaes draeth y morlo'n
  Rhoi hwyl di-nâg gydag o.

I orfoledd morfilod a'u hirdaith
   I'w harfordir hynod
  O siwrne bell, bell eu bod,
  Fe waeddent eu rhyfeddod.

Tyfu ceirios o'r ffosydd, eto fyth
   Tyfu ŷd mewn meysydd;
  O'u briwiau rhoi i'w broydd
  Einioes y dŵr nos a dydd.

Ac er mor galed tir y colledion
O'i danau a'i wyll tynnwyd enillion,
Ac yn ei gapel teimlwyd awelon,
Hyder o'i gyrddau, dŵr a gwerddon
Oriau'r Sul a mawr y sôn am Dduw hael,
Am obaith i'r gwael, am bethau'r galon.


### Mair yn gweini

Aeth â'i medr i Borth Madryn i weini
   Lle hanodd y gwreiddyn;
  Gwir y nef â'i gair yn un
  Yn ddeallus o ddillyn.

Mynych ganai harmoniwm i'r ifanc
   Yn yr haf a'i fwrlwm;
  Rhoes gymorth rhad diorthrwm
  I seiniau pur canu'r Cwm.

Pan fyddai hi'n taenu lliain, yn annwyl
   Y taenai a chywrain;
  Rhoddai Mair ger bwrdd mirain
  Groeso hir yn gywir gain.


### Dychwelyd i Gymru

O wynfyd rhwng dwy lanfa byd o haul
   Ei bodolaeth yma,
  O nawdd dydd ei heddiw da
  Adref i'w bro fe grwydra.

Wedi menter y pellterau a'r ias
   O groesi eu ffiniau,
  Mae'n wych, yn wir, cael mwynhau
  Dychweliad iach o 'wyliau'.

Yn wastad teimlant drosti yn hafau
   Cynefin tosturi;
  A llais mewnol ymholi
  Yno sy'n ei herio hi.

Lle bu oed ger tair coeden, llwyni gwael
   Llain galed aflawen
  Welir ar leindir di-lên
  Heol wag Tair Helygen.[6]

Rhoi ei dydd a'i ffydd i'r ffaith o roi dŵr
   I dirwedd tra diffaith;
  Rhoi hyder o'i mwynder maith
  Heibio i dir anobaith.


*Yn ôl i'r Wladfa*

Drwy sianel y capeli,
Ym mhridd oes ymroddodd hi;
Rhoi'n llwyr ar hen allorau,
Heibio i rwysg, offrwm brau;
Rhoi o'i heinioes, er hynny,
Yn abl a gwâr i'r bobl gu.

Agor siop, llwyr ymdopi,
A llawn ei hoes â'i llên hi;
Troes yn ardd, troes yn werddon
Rydiau sych y rhai di-sôn.
Agor haf eu geiriau hwy
A gem ydoedd i Gamwy.

Ganwaith ym Mhatagonia,
O fewn un oes fe fwynha
Eto'r cyd-yfwyr maté,
Cânt ddod heb fraw draw i dre'
I sosial i gynnal gwaith
Y rhai annwyl drwy'r heniaith.

Diogel ei hanian, dygai oleuni,
Ystyr a lanwai ei stôr haelioni;
Llwyddodd i annog a chalonogi
A mynnu cymod i'r gwaddod â gweddi:
Duw lanwodd ei dalenni ar daith hir
Lle bu ennill tir y gwir ragori.

\* \* \*

*Marwolaeth sydyn*

Dirgroes einioes, daeargryn
Yw eiliad siom galwad syn;
Mud yw pob ymgom wedyn.

Yn angladd Mair nid offrymwyd geiriau
Euog, digynnwys fel gwag deganau,
Na hen ddihareb ac ystrydebau
Na chladdu galar â chelwydd golau;
Ond caniad dioddefiadau ddaeth yn wir,
Yno uwch meini'r gorwych emynau.

Cludwyd gweddillion clodwiw ei gweini
    Plygeiniol i anwiw,
  Wedi'i gwaith a'i rhodio gwiw,
  Yn brudd ddiwobrau heddiw.

Rhoi ei llwch yn llwch llechwedd y Gaiman
   Ddigwmwl i orwedd;
  Rhoi benyw gywir bonedd
  Yn nhrigfan bell, bell y bedd.


*Gobaith mewn tristwch*

Daw'r haul eto i Dir Halen, i dir hoff
   Didraffig daw heulwen;
  'Ni ddaw Mair â'i gair a'i gwên.'

Â'r hen ias, ar siwrnai oesol, i'w hendaith
   Daw'r Condor entrychol;
  'Ni ddaw Mair heddiw i 'morol.'

Dyfal ei cham ym mro Camwy, tyner
  At weiniaid yn tramwy;
  'Ni ddaw Mair i'n noddi mwy.'

Nid anwaith a ledaenodd ond gair Duw,
  Gorau dasg, a werthodd;
  'Yn fireinwych fe'i rhannodd.'

Daw ias i'r weirglodd desog, â'r awel
   Rhyw wewyr dihalog;
  Uwchlaw'r tir, yn glir, heb glog,
  Daw haul i Drofa Dulog.[7]

## CENHADES

*(Eluned Mair Davies, Patagonia (1935-2009) )*

O'i haelwyd aeth ar alwad – i weini
   Mor annwyl i'w Cheidwad;
  O orwel diddychweliad,
  Rhanna ei wledd â'r hen wlad.

## CENHADON HEDD

Yn lle archoll a cholled – rhoi heddwch
   Yn rhodd i gymuned;
  Yn lle'r loes, rhoi llaw ar led;
  Yn lle gwar, llaw agored.

## HEN GAPEL

A ddaw yr Iesu nawr drwy dy ddrysau
Ac yna oedi yn dy ganiadau?
Neu wedi emyn ai dim ond amau
A glywi di mewn cenadwrïau?
Ti gysegr ffydd broydd brau – hyn sy'n glir:
Awelon gwir fu'n dilyn y geiriau.

## SOAR Y MYNYDD

Yn eiddil a mynyddig,
Llety i'r Iôr lle y trig
Yn nydd poen weddïau pell
Ddaw i gof praidd y gafell.

Onid mud ei bulpud bach?
Dim awydd gan fyd mwyach
Ddod yma i le'r werin
I gael awr o blygu glin.

Ond o'i fewn ceir oedfa haf,
Gair y gwas gwir a geisiaf:
Os gair Iôr a agorir,
Soar gaiff y cysur gwir.

## GOLEUNI'R GAIR

Duw enfyn, nid o'i anfodd – er galar,
Y golau diddiffodd,
A llenwi ein gwyll anodd
Yn ddisglair â'i Air yn rhodd.

GWANWYN FFYDD

Cliriwch narcotig ei enw o'r strydoedd,
  Diheintiwch y dref wedi gwaddod ei gân:
Rhybuddiwch gredinwyr rhag glynu'n ei bethau;
  Er hyn bydd ei deyrnas yn lledu fel tân.

Rhowch atcb IIcrod i'r ymgnawdoliad,
  Gorchmynnwch ŵyl galed, ddibreseb, ddi-ras;
Cofleidiwch y byd, ei frad a'i freiniau:
  Uwch y rhain cyfyd croes ei angau glas.

Pasiwch eich deddfau yn llawn cywirdeb
  Gwleidyddol a bolltiwch bob drws yn dynn:
Â dwyster amhleidiol, carcharwch ei weision;
  Ei Ysbryd ef a'u rhyddha wedi hyn.

Gosodwch eich bomiau, dinistriwch y gwledydd,
  Trowch eich cefn yn ddi-hid ar haul y nef;
Wedi misoedd y lladd a'r gaeaf didostur,
  Daw gwanwyn ffydd o'i orsedd ef.

## ETIFEDD

Bûm innau'n byw ar hen gyfalaf
Yr hyn a etifeddodd eraill,
A ffrwyth eu llafur hwy.

Gan dybio mai cyfoethog oeddwn
(Fe wyddwn, a gwn, mai gwir hyn)
Afradlonais fy na fel miliynydd cred.

Yn awr, yn nyddiau'r hirlwm,
A choffrau ffydd heb fod yn llawn,
Er llawnder fy etifeddiaeth,
Y mae'n fwy cyfyng arnaf.

A phan fo eraill yn afradloni'u da
Neu'n datgan nad oes ganddynt ddim

Dychwelyd a wnaf, drwy fyd cynyddol ar chwâl,
I furddun-blas fy nghalon wael.


## Y GOLAU

Y golau roed i'n Gwales, er ei gwyll,
   Yw'r Gair yn ein hanes:
  Golau llusern ac ernes
  I ni weld y nef yn nes.

## Y FINTAI WAEL

Gan redeg awn, rhaid yw gwenu – o'n gwirfodd
    Yn gorfod rhyfeddu;
    Mintai wael, heb ddim on tu
    Ond gras diguro Iesu.

## Y MERTHYR

Wedi'i gur mae'r merthyr mud – o'r anwel
    Yn rhannu'r hen olud;
    'Er fflam a chledd, er bedd byd,
    Cofiwch fod Un a'n cyfyd.'

## CYMOD

Heibio i golli 'nabod – y tu hwnt
    I wyntoedd anghydfod;
    Heibio i boen byw a bod
    Ac amau, fe gawn gymod.

## ARGYFWNG

Er cael ein gwala a'n digon,
  Cwynasom am dlodi ein byd;
Heb falio am frodyr y ddrycin,
  Ar hunan y rhoesom ein bryd.

Troi cefn ar werthoedd y tadau,
  Ymddiried yng nghyflwr y bunt
A wnaethom heb sail na safonau
  A synnu at derfyn ein hynt.

A'n llong mewn niwl a drycinoedd,
  Ein honiad chwyddedig oedd hyll,
Heb angor na llyw na chyfeiriad
  A hunan ar goll yn y gwyll.

Os cymorth gawn, pwy a fentrith
  I helpu trueiniaid mor wael
A ninnau â record o wrthod
  Haelioni y Cyfaill di-ffael?

Mae'r un all rodio ar donnau
  Yn estyn ei law atom ni;
Am hyder gwir ffydd fe erfyniwn
  Rhag suddo yn nwndwr y lli.

## CAPEL CILDWRN

Hen grair fu'n wag ers llawer blwyddyn hir
A'i furiau llwyd yn llesg a gwael eu gwedd,
Ei seddau llwm dan lwch a'i bulpud clir
Yn sôn yn fud am orchest cennad hedd;
Yr hanes wedi darfod, heb un gân
Na phregeth fyw na gweddi ar y Sul,
Nac asbri gweithgareddau'r Ysbryd Glân
I ddeffro cerddi mawl y llwybrau cul.
Ond rhai a alwodd Iesu yma ddaeth,
Â'u bryd ar gael tŷ cwrdd i'w geisio Ef
A'u ceisiodd hwy o'u hen wrthryfel caeth,
I ganu clod i'w oruchafiaeth gref.
Cael lle i lawenhau wrth gamu 'mlaen
I fendith fwy na'r hyn a fu o'r blaen.

## LLAWDRINIAETH

Yn 'nydd blin' y llawdriniaeth, a rannodd
    Ryw un ei gwmnïaeth?
  Iesu'i hun drwy wasanaeth
  Llu ei Dduw yw'r cyfaill ddaeth.

## ANGOR MEWN ADFYD

Pan fo creigiau'r byd yn siglo
　Ac ansicrwydd ar bob llaw,
Hen gysuron wedi cilio
　A gofynion byw yn fraw:
　　Dyro wybod,
　　Dyro wybod
Dy fod Ti yn agos iawn.

Pan fo dychrynfeydd pandemig
　Yn creu loes ac ofnau lu
Heb roi balm i galon unig
　Er cael moddion hael a chry':
　　Dyro hyder,
　　Dyro hyder
Inni glosio atat Ti.

Pan fo tonnau ofn yn taro
　Oddi allan, oddi mewn,
A'r rhai dewr bron anobeithio
　A'r peryglon oll yn ewn:
　　Ffrind yr egwan,
　　Ffrind yr egwan
Dyro nerth dy groes i ni.

Os bydd fflam ein teg obeithion
　Bron â diffodd, tyrd dy hun
I ailgynnau'r addewidion
　Ddaeth o enau Mab y Dyn:
　　Atgyfodiad,
　　Atgyfodiad
Gyda'r Iesu fydd ein rhan.

## RHOWN IDDO GLOD YN AWR

Rhown iddo glod yn awr,
Daeth Meistr nef a llawr
O entrych nef i lawr
Â rhodd ei fywyd gwiw.

Diobaith yr hen fyd,
Roedd galar ym mhob stryd
A lleisiau cerdd yn fud
Oherwydd maint ein briw.

Ers Eden, mawr ein bai,
Mae pechod yn ein clai;
Di-lun ein deunydd crai,
Ymhell o aelwyd Duw.

Ond Iesu ddaeth ryw ddydd
I'n gosod ni yn rhydd;
Tragwyddol foliant fydd:
Ein Brenin golau yw.


## GWEDDI AM FENDITH
(*Yn ystod 'Llanw 2023'*)

Rho imi eiriau'r emyn – adnodau
Eneidiol i ddilyn,
Pregeth ddiarbed wedyn;
Yna, Dad, rho di dy hun.

## ANADL

Ai ymadrodd llawn mwydro ydi mwyth
    Duw y 'myth' diherio?
  Wedi rhu'r paldaruo,
  Daw ei lais a'i anadl O.


## KYRIE ELEISON
*(Arglwydd, trugarha)*

  Gyrru ias y mae'r gri hon:
  Cri loes *Kyrie Eleison.*


## GAIR Y BYWYD

Gair sy'n rhodd, Duw a'i rhoddes – yr 'Ydwyf'
    A rodiodd mewn hanes;
  Grymusach na gair Moses,
  Daw â ni a'n Duw yn nes.

## Y DUW-DDYN

A ystyriwn gymwysterau'r Duw-ddyn
Di-ddysg a diraddau
A ddaeth, heb astudiaethau,
A rhoddi'i hun i'n rhyddhau?

## PERLLAN

O adfail byd anghydfod – o synau
Casineb daw cymod;
Yn lle anair, lle hynod:
O glai, daw perllan i'w glod.

# CYFEILLION

## I GOFIO'R ATHRO BOBI JONES
### (1929-2017)

Â'i raddau a'i ymroddiad y mynnai
Roi meini ei gariad;
Rhoi â hwyl ei wir alwad,
Rhoi i iaith sylfaen parhad.


## BLODAU BYWYD
*(Gan gofio cyfeillgarwch Geraint Elfyn Jones (1948-2022) ac Elisabeth)*

Blodau bywyd a ranasoch
Ac amryfal liwiau'r daith,
Y profiadau cynnar grymus
Ac enillion gŵyl a gwaith;
Yn gyson hael rhanasoch chi
Brofiadau bywyd gyda ni.

Cyfeillgarwch yn y ddinas,
Mor ffurfiannol ydoedd hyn –
Lletygarwch yn eich cartref,
Geiriau doeth y bore gwyn;
Yn gyson hael rhanasoch chi
Brofiadau bywyd gyda ni.

Ar y daith rhanasoch hefyd
Eiriau'r Meistr, lliwiau'i oes;
Ffyddlon fuoch heb ymguddio
Rhag datguddiad llawn y groes:
Yn gyson hael rhanasoch chi
Brofiadau bywyd gyda ni.

I Elisabeth rhown ddiolch
Ac i Geraint diolch wnawn;
Diolch am y bore hyfryd,
Diolch am y mwyn brynhawn:
Yn gyson hael rhanasoch chi
Brofiadau bywyd gyda ni.


MIRAFLORES
(*Er cof am Geraint Elfyn Jones (1948-2022), gyda diolch i Elisabeth*)


Miraflores gynnes gu – lle tra gwyrdd,
Llety'r gwir groesawu;
Nyth saff yno'n fendith sy',
Nyth oes o gymdeithasu.


I ARFON JONES
(*Gan ddiolch am ei waith yn paratoi beibl.net*)


Arfon â dycnwch hirfaith
Yn ei swydd ymroes i waith;
Y gwaith hynod a chlodwiw,
Gwaith ei Dad o alwad wiw.

Hynt oes oedd ei brentisiaeth,
Oriau cerdd yn drysor caeth;
A theg fu'i brentisiaeth o –
Gŵr o addysg a graddio.

Rhagori wnaeth â'r geiriau,
Llwyr ei waith i ennill rhai;
Hanfod gwaith roes fod i'w gân,
A'i ddysg oedd addysg ddiddan.

Beibl.net a fydd eto
Yn dyst i'w ymroddiad o;
Mae'n waith sy'n was i'r Gwas gwiw
 rhyddid geiriau heddiw.

Arfon â stôr o eirfa
A golau dysg Bugail Da,
Ag oes o waith â'n hiaith ni
Roddodd i'r Iesu drwyddi.


PRIODAS AUR
(*I John a Margaret Phillips, Caerdydd*)

Dyma aur o dymhorau – a hanes
    Llawenydd eich dyddiau;
    Ac o aur, yr aur gorau,
    Aur Duw doeth: cydrodio dau.


I DEWI LLWYD
(*Pan gipiodd wobr BAFTA, 30 Medi 2013*)

Yn un llais rhown BAFTA'n llu – i was hael,
    *Connoisseur* ynganu;
    I'r gŵr craff â'r geirio cry',
    I'r Llwyd, dewin darlledu.

## I ARFON WYN
(*Ar ôl clywed ei gân 'Cae o Ŷd' a darllen ei lyfr*
Cyrraedd yr Harbwr Diogel)

O olau ei ganeuon – a'u gobaith
Daw ysgubau llawnion;
Os maith yr hwyrnos ym Môn,
Ni dderfydd gwawrddydd Arfon.

## MEREDYDD EVANS
(*1919-2021*)

Arweinydd a gŵr uniawn a ymrôdd
Oedd Merêd yn gyfiawn;
Ymroddodd yn amryddawn
I hyd a lled bywyd llawn.

## I ELEANOR LLEWELYN
(*Daeth o'r ysbyty i gartref Siân ac Andrew*)

O wely ei gofalon – o erchwyn
Ac archoll pryderon
Fe ddaeth, o'r oriau caethion,
I le teg yr aelwyd hon.

Naw deg maith diegwan – o ardal
Ei harfordir diddan,
A'r cofio difyr cyfan
Yn glir am gilfach a glan.

## GWARCHODWR Y FFIN
*(Geraint Jones, Trefor)*

I'w fro annwyl, mae'n frenin:
Drwy ffydd, gwarchodwr y ffin;
Trefor yw goror a gwaith
Y dewiniwr diweniaith.

Gan aros, fe arhosodd:
Nid un ffals ond dyn na ffodd;
Drwy'i oes gwêl, o'i ffilltir sgwâr,
Addewid lleisiau'r ddaear.

Disebon a diseibiant,
Athro plwyf roes iaith i'r plant;
Ag ymroddiad, ni wadodd
Leisiau'r iaith, yr iaith sy'n rhodd.

Craig yw ef, cyhyrog un
A chydwybod uwch dibyn.

Â'i holl fod fe warchododd – y ffynnon,
    Gŵr y ffin a frwydrodd;
  Un o drichant, ymdrechodd
  Yn y rhyd i gadw'r rhodd.

## AUR

Cyfaredd ei hieuengoed bellach aeth
I rywle sydd tu hwnt i'w hatgof hi;
Di-fudd y colur drytaf a di-faeth
Yw holl femrynau coll gwefusau'i bri.
A'r llygaid hwythau dan amrannau trwm
Gollasant yr hudoliaeth fu o'r blaen
Yn deffro llanciau o'u mudandod llwm
A hawlio hoen gorfoledd cnawd o faen.
Er hyn mae yn ei llaw agored gu
Rhyw rym haelioni sy'n gorchfygu loes,
A'i gafael fregus ar yr hyn a fu
Sy'n dysteb gadarn i lwyddiannau oes:
Yn hardd a disglair ar fys tenau main
Mae aur diddiffyg ei dwy fodrwy gain.

## SINEMA GARTREF
*(I Siân ac Andrew)*

Synau mawr y sinemâu
Neu lwyddiant eu delweddau,
Ni wnânt ein diddanu ni,
Anhynod ŷnt hwy inni.
Gwell na'r lleill am gyfeillach
Yw byd y darlundy bach.

Hwn yw byd y lluniau byw,
Dedwydd ddarlundy ydyw;
Yma daw comedïau
O un i un i'w mwynhau;
Ffilmiau hanes, cyfresi
A'u sôn hen i'n swyno ni.

Heb dyrfa a heb derfysg
Na sŵn main casáu'n ein mysg,
Yn lle sŵn y lleisiau hy',
Ennyd o wir gyfannu;
Nid difrod a thrallodion
Ond lluesty, llety llon.

## BLWYDDYN ANODD

Bu'n flwyddyn anodd hynod,
Ond er ei siom a'i chysgod
Fe gafodd rhai, drwy'i misoedd hir,
Y ddawn i wir adnabod.

TRI CHYFAILL

Cyfeillion y byd newydd,
Ble maen nhw nawr?

Y cyntaf –
Yng nghar ei rieni,
Y *Triumph 2000* –
Yn ein cludo ar wib
I Eryri.

Yr ail,
Yr un mor chwim ei allu
Â'i gof ffotograffig
Yn llowcio dysg fel dŵr.

A'r trydydd,
Pysgotwr hwyl,
Yn ein dal bob tro
Yn rhwyd ei jôc.

Cyfeillion byd newydd
Yr arddegau,
Byd pell yn awr,
Ond ei luniau
Mor sownd ag erioed
Yma yn albwm y cof.


MAIRLYN LEWIS
(1930-2022)

Yn hawddgar, gwâr ac euraid – hi a ddaeth,
Rhannodd iaith yn gannaid;
Yn neuadd byw, yn ddi-baid,
Rhannodd drysor ei henaid.

GERAINT MORGAN
(*1924-2016*)

I'w Gymru glaf rhoes lafur, i'w werin
   Rhoes gynghorion eglur;
  Bu'n gyfaill, cyfaill mewn cur,
  Yn graig oes, gŵr o gysur.


CYFEILLION
(*I Martin a Nest*)

Yn eu tŷ ger afon Taf, fe weiniant
   Y cyfuniad pertaf;
  Seigiau eu geiriau a gaf
  A saws y llên flasusaf.


COLLI A CHAEL

Bydd gall, fe all cyfeillion, er eu cael,
   Droi cefn yn anffyddlon;
  Ond er craith fe gei weithion
  Yn eu lle sawl cyfaill llon.

# CYMRU

## DEWI SANT

O dywed, Dewi, a gefaist dywydd
Y tu hwnt i'r norm, a gefaist stormydd
A dygyfor blin ar fin afonydd
Dyrys o lawn, yna môr dros lennydd?
'Yn y ffos fe gefais ffydd – at bob rhaid
A nawdd i enaid gan y Diddanydd.'

## ARWR
### (*Lewis Valentine*)

Daw i gof heddiw y digyfaddawd,
Y gwron union, gwir ei anianawd;
Cywir ei drywydd, y cawr i driawd:
Annwyl a gwrol, mynnodd roi molawd
I'r Gŵr fu'n orchfygwr gwawd – daeth i'w le
I'w fro a'i goetre o ferw ei gatrawd.

Dros Gymru'i wlad, ymroddiad o'i ruddin
Yn hael a roes drwy hiroes i'w werin;
Ei hyder acw yn nyddiau drycin
Glywaf fel islef tir fy nghynefin;
Goreugwr y gwir egin – a'i eiriau'n
Her a nawdd gorau i'n heddiw gerwin.

## RHANNA HWYL YN YR HEN IAITH

A'r nos heb ei harneisio
A'r gwyll gerllaw'n fraw drwy'r fro,
A niwl y môr anial mud
Yn oer mewn ansyberwyd,
O dir cur dy oriau caeth
Myn awel hen gwmnïaeth.

Yn oriau dy bryderon
Dwys a hir, yn brudd dy sôn
Am waith na fu heb greithiau,
Am gur sy'n mynnu amgáu,
Na fydd araf dy afiaith:
Rhanna hwyl yn yr hen iaith.


## I GOFIO'R DR GWYNFOR EVANS
### (1912-2005)

O'i lwybr dewr yn nhir pleidleisiau,
Â'i lafur caed ein Senedd ninnau.

Heb gyffion dengar aur i'w rwymo,
Fe ddysgodd grefft y Llyw diwyro.

Â dur ei enaid a'i wythiennau,
Ildio ni wnaeth i'r fasnach arfau.

Yn lle unffurfiaeth wag a dinod,
Hawliodd yr amrywioldeb hynod.

Pen-llywydd craff o bwyllog eiriau,
Bu'n ŵr a thad ar aelwyd olau.

Â gobaith, gras a chariad hefyd,
Ei ffydd roes falm i wlad mewn adfyd.

Yn dad â chawell llawn o saethau,
Rhoddodd i'w genedl blant ei lwynau.

Er bod ein fflam yn anwreichionog,
Ail gynnau wna ag ias Llangadog.


## AUR CYMRU

O'i gael heddiw heb gloddio – a'i brynu
   Heb ronyn o chwilio,
  Gwŷr arian a goreuro
  Hawlia fraint ei leufer o.


## DYSGU AIL IAITH

Na hidiwch am boen adwaith – i addysg
   Ac ymroddiad seithgwaith;
  Mae rhoi'n hael, mae rhannu iaith
  Yn wastad yn orchestwaith.

## MILIWN

'Melys fydd ennill miliwn
A mwy i'r heniaith mi wn;
O nerth i nerth yr awn ni,
Yn ddiwyd ond heb Ddewi,
Heb argoel ofergoelion
Fu'n graith ar yr heniaith hon.

'I gael jacpot, lot o lwydd
A swcr yn lle ansicrwydd,
Mae adlam o huodledd
Doniau gwyllt yn dod i'n gwedd,
A miliwn o'r ymylon
Gaiff yr iaith, yr heniaith hon.

'Pa angen nerth na gwerthoedd
I gael hyd i'r golau oedd
Yn ddi-wad drwy'r henwlad hon
Yn felys er gofalon?
Bu clod drwy bob caledi:
Optimistiaeth aeth â hi.'

Onid sâl a disylwedd
Yw'r bwriad, bwriad ger bedd?
Er gobaith chwil y filiwn,
Ar daith yr heniaith, ni wn
Ai rhith ffurflenni a'u rhwyd
Heb ruddin ydi'r breuddwyd.

Rhodd yw iaith o wreiddiau hen,
Go annelwig yw niwlen:
Heb gennad y Tad o'n tu,
Oferedd fydd yfory;
Ond daear a chred Dewi
A rydd nodd i'n gwreiddiau ni.

## Y MEISTRI UNIAITH

Pwy a roes einioes i'n hiaith?
Onid y meistri uniaith?


## ABERTAWE

Tre' flêr, gartrefol yw hi – ar gyrion
    Bro Gŵyr y gwyrddlesni;
    Dinas y mynd ohoni,
    Ond yma mae'n noddfa ni.


## A DEITHIO I'R BRIFDDINAS

A deithio i'r brifddinas
I geisio bywyd gwell,
Gadawed ei gynefin
A'i hen drigfannau pell.

Pan ddelych i'r brifddinas,
Ymgolla yn ei sbri;
Anghofia flas cynefin
Dy hen hunaniaeth di.

Yn lloches y maestrefi
A lleoedd cêl y stryd,
Anghofia dy orffennol:
Mwynha dy fywyd clyd.

Ond weithiau, ar dy waethaf,
I ganol dy fwynhad
Daw lleisiau o'th orffennol
Pryd nad oedd bri na brad.

## Y TALWRN

Y maen prawf er mwyn prifio – y safon
  A saif heb ei siglo,
 Y cyngor nad yw'n llorio;
 I'r gân, ei chlorian a'i chlo.


## BRO

Y fro agos ni fawrygi, – miragl
  Ei mawredd ni weli;
 Hyfrytach na'th fro iti
 Yw'r fro bell sy'n well na hi.


## BU GWLAD

Bu gwlad a garai ei Duw
Ac fe garai yntau hi;
Llanwodd ei chalon â mawl,
Ac er ei thlodi
Ei chyfoeth oedd fawr.

Yn y man daeth anesmwythyd,
A'r wlad a ddechreuodd fynnu
Ei hawliau.

Bu'r meistri dros y ffin
A'r rhai mewnol
Yn gyndyn i ddechrau
I'w caniatáu,
Ond yn y man fe gafwyd
Hawliau di-ri'.

A'r wlad un diwrnod a ganfu
Fod ganddi wobrau
Ynghyd â hwbris,
Ond heb ei Duw.

Ac er ei digonedd,
Ei thlodi oedd fawr.


### DWY

*I Gwyneth Glyn*

Gwyneth, dathlwn dy ganu – diddanwch
    Dy ddoniau a bery
  Yn rhodd i'n cyfareddu,
  Yn gain ddi-feth, Gwyneth gu.


*I Lleuwen Steffan*

Ger hen byrth, canfod o'r newydd
Emynau ddoe, cael egin ffydd
Yn nwyd y sacsaffonydd.


### Y CHWE GWLAD

Chwarae sy'n well na cherydd – neu ryfel
    Llawn rhyfyg rhwng gwledydd;
  Mwy diogel na rhyfel rhydd
  Yw emosiwn y meysydd.

## EMYNWYR CYMRU FU

Eu dyhead a'u hawydd
Dan yr iau oedd rhodio'n rhydd,
A'u hemyn fu'n argymell
Yn nydd gwae ardaloedd gwell –

Ardaloedd gwell sydd bellach
Yn rhy wan i'n Cymru iach
A fyn ddewis tanbrisio
Aur eu gair a'i fwrw o go'.

O gof aeth eu gemau gwyn
A grym eu gair a'u hemyn,
Ond ar y daith gobaith gaf
O fawl eu gwir gyfalaf.


## UN NOS OLAU LEUAD

Ydi'r don yn dal i dorri'n Aberdesach
    Fel llaw y nos yn clepian ddisgyn ar y traeth?
Ydi'r wawr yn dal i dorri ger Maen Dylan
    Fel pe'n chwilio am rai fu yno ac a aeth?

Ydi'r Eifl yn dal i ddisgwyl ar y gorwel,
    Tair alaw eglur i'n croesawu ni yn ôl,
Neu ai edliw difynegiant ddaw o'r carnau'n
    Ein ceryddu ni am ildio i'n crwydro ffôl?

A fydd croeso i ni eto yng Nghwmgwared
    Pan fydd y lleuad eto'n olau ac yn rhydd?
A oes modd i ailddarganfod yr hen lwybrau
    At ganghennau coed ieuengoed yn hwyr y dydd?

## DESMOND HEALY

### (1930-2021)

Pennaeth fu'n gwasanaethu, – o'i ruddin
  Fe roddodd i'w deulu;
  Â rhinwedd bu'n cyfrannu:
  Arweinydd a llywydd llu.


## ONID MUD A YMADO?

Onid mud a ymado i'w hirdaith
  O'i ardal a'i henfro?
  Os darfu'i Gymru o'i go',
  Ei dân a aed ohono.


## Y GYMRAEG

Y Gymraeg yw mur egwan
Llys ein cof a llais ein cân:
Hen fur geiriau niferus
Y llwyth a chaniadau'r llys,
A mur o hyd sy'n mawrhau
Bro annwyl gwlad y bryniau.

Ond mur simsan, egwan yw;
Anwadal heniaith ydyw:
Yn gynnwrf ers ei geni,
Drwy'i hoes, dihyder yw hi;
Y mae hi'n anrheg fregus
Er corlan y llan a'r llys.

Y Gymraeg a'i miri hi
Er hyn sy'n gysur inni;
A'r Gymraeg ym more oes
Ddiddana hwyrddydd einioes:
Ein canllaw cyfoes llawen
Yw'r Gymraeg a'i muriau hen.

# DYCHAN

## TELEDU

Oriau tlawd a'r teledu yn lluwchio
  Gwae llachar i'n dallu,
A diwedd holl hedd y llu
  Fydd oriau o fyddaru.

## CATHL CENHEDLAETH Y CYNNYDD

Cenhedlaeth y cynnydd,
  Rhai da eu byd:
Dim lle i gwyno,
  Dim pall ar eu stryd.

Dim pall ar ormodedd,
  Dim digon i'w gael;
Ar ymyl cyflafan
  Roedd bywyd yn hael.

Ein gwala a'n digon
  A gawsom bob dydd;
Er maint ein caethiwed
  Roedd bywyd yn rhydd –

Yn rhydd rhag gofalon
  Er ymbil y tlawd;
Gwrthodwch y truain,
  Anghofiwch eich brawd.

Paid sôn am rybuddion,
  Paid crybwyll dim braw;
Ond heddiw drwy'n strydoedd
  Mae ofn ar y naw.

## Y WLEDD DDI-DDUW

Caewch y cloriau rhag sibrwd ei enw
 A'r drysau rhag clywed sŵn camau'i draed
Yn rhodio hyd goridoriau'ch meddwl;
 Caewch eich calon rhag curiad ei waed.

Caewch olygon plasty digonedd
 Rhag gweld drwy bob ffenest ei fryniau ef;
Yn ddiddig mewn stafell saff, ddi-emyn
 Anadlwch yn rhydd rhag tymhestlocdd ncf.

Gwrandewch ag asbri ar seiniau ingol
 Holl nodau di-Eden athrylith dyn;
Alltudiwch y Bach all lenwi oriau
 Y ddaear â mawredd y nef ei hun.

Ym mhlasty truan eich byd caeedig
 Cofleidiwch, dros dro, y diddanwch briw
Cyn gadael hwyrnos lawnt y cysgodion
 A deffro yn llesmair y bore gwiw.

## Y GŴR ARALL

Dyn gwastad, gwastad yn gall – â dawn ddoeth,
 Nid yn ddwl ac angall;
 Yn ŵr dewr fel dur di-wall:
 Gwir arwr yw gŵr arall!

## HEL ACHAU

Dewch, bendefigion, dewch ynghyd
Chi fawrion a'ch gwehelyth;
Mae bonedd Cymru fach o hyd
Yn haeddu rhodio'n dalsyth.

Diwyro yw eich llinach hyf
Ers oes Cunedda Wledig;
Eich tras ddiymwad sydd mor gryf
Â gwreiddiau'r gwir bendefig.

Pa ryfedd, felly, fod ein gwlad
Yn llawn o achrestryddion
Sy'n fedrus iawn ar olrhain had
Teuluoedd a'u gorchestion?

Ac os di-nod eich teulu chi,
Os isel a difonedd,
Yr achydd call a ddyry fri
A'ch cyfyd chi i fawredd.

Y teulu dwl fydd deulu doeth
A'r tlotaf fydd gyfoethog;
Gwerinwyr blêr dry'n fonedd coeth
Ym mhair yr achydd doniog.

Ac os ceir sôn am adar brith,
Rhyw gefndryd neu orchawon,
Rhyw nain neu hendaid, nai neu nith
Fel staen ar lestri gwynion –

Na phoenwch ddim, mewn dim o dro,
Yr achydd hirben, cwrtais
All droi dihirod gwaethaf bro
Yn destun ymffrost llednais.

## LLEISIAU

O ble y daeth y rheini,
Â'u llygaid llawn goleuni,
A fynnai sôn am ddinas bell
A'i thyrau'n well na ffansi?

O ble y daethant, dwedwch,
I'n byd a'i anwadalwch,
Yn chwim i geisio, nos a dydd,
Oleuni ffydd i'n twyllwch?

*Paid ti â phaldaruo,*
*Gorganmol a goreuro*
*Hen ddarlun llawn o ddynion ddoe;*
*Fe aeth eu sioe a chilio.*

*Mae gennym ni arweinwyr*
*Rhagorach na'r pregethwyr,*
*A rhai yn llinach Mao Tse Tung*
*I ni sydd deilwng arwyr.*

Os felly, hoff gymdeithion,
Mae'n rhaid ffarwelio weithion,
A throi ein cefn ar gyffur ffôl
Y bobol a'u breuddwydion.

Rhoed heibio pob gwag siarad
Am lu cenhadon cariad;
Rhaid rhoi ein bryd ar fawredd rhai
Ddinistriai ein gwareiddiad.

Rhown glod i fateroliaeth,
Rhown anwes i baganiaeth,
Anghofiwn lais pob seraff pur
A'i gysur rhag marwolaeth.

Ond weithiau daw cenhadon
I sôn am ddŵr a gwerddon
I'n denu'n deg o sychdir maith
Tir diffaith ein hamheuon.

## SHANGRI-LA

Dyw'r haul byth yn machlud yn Radur,
  Mae hi yma bob tro'n ganol dydd;
Cân adar di-daw sydd yn murmur,
  Maen nhw'n pyncio pob cainc yn y gwŷdd;
Yn Radur, pob cysur sy'n seinio
  Yn y gerddi di-fefl ganol ha',
Ac yma yn Radur yr ydym
  O hyd ym myd Shangri-La.

*Shangri-La, shangri-La,*
*Dewch oll â'ch dymuniada'*
*I gartre Philbert ynta';*
*Di-nos yw ein Shangri-La.*

Yn Radur gorwelion sy'n denu
  At y bryn ac at goed Fforest Fawr;
Dirgelion i'r llygad sydd yno,
  O'r entrychion daw lleisiau i'r llawr:
Amgylchedd di-loes sydd yn Radur;
  Heb ddim gofid, mae popeth yn dda,
Ac yma yn Radur yr ydym
  O hyd ym myd Shangri-La.

*Shangri-La, shangri-La,*
*Dewch oll â'ch dymuniada'*
*I gartre Philbert ynta';*
*Di-nos yw ein Shangri-La.*

Ac weithiau yn Radur fe gofiwn
  Heb ofid rai o heriau ein taith;
Fe gofiwn, heb boen, rai o'r poenau
  Ac fe welwn rai olion hen graith;
Ond wedyn y graith hi ddiflanna
  A chawn gip ar holl hud Afon Taf;
Bydd cymod a hedd yn teyrnasu
  A bydd bro ein dyfodol yn braf.

*Shangri-La, shangri-La,*
*Dewch oll â'ch dymuniada'*
*I gartre Philbert ynta';*
*Di-nos yw ein Shangri-La.*


CANMOL ANN

Talog ein barn am ei geiriau cyfewin,
  Prysur ein cais i'w hiawn fesur hi;
Buan ein llaw i'w dyrchafu hi'n eilun:
  Pentyrrwn ein clod i gynyddu ei bri.

Mewn capel a llan fe seiniwn ei geiriau
  Gan ganmol ei mawl i'w gwrthrych cun;
O bell fe edmygwn ei hoff ddelweddau:
  Rhaglennwn ein clod i athrylith y fun.

Yn fonedd a gwreng di-sôn fe gydsyniwn
  I sancteiddio'r ferch o Ddolwar Fach;
Cyfodwn ein llef, yn unllef clodforwn
  Ei doniau llenyddol, ei haelwyd a'i hach.

Ond pan dreiddia'r llais drwy lais ei chymuno
  A phan lysg y farn o ffwrnais ei dydd,
Bryd hynny a fynnwn ni gefnu'n gryno
  Ynteu plygu a cheisio gwrthrych ei ffydd?

# DYNGAROL

SGRIFFIADAU

Sgriffiadau ar waliau'n hoes – yn udo
   Ar redeg o gynnoes;
 Beth yw'r rhain? Gwewyr einioes,
 A greddf ar garreg a'u rhoes.


Y FFORDD I RWMANIA
(*I Alan ac Ann Penrose,
arloeswyr Cymorth i Rwmania*)

Yn iâs eich ymddeol cynnar,
y gwanwyn annisgwyl yn oer a gwahoddgar,
cawsoch gip ar wlad y cysuron
lle ceir ymlacio a mwynhau.

Ond gwelsoch hefyd
â llygaid syml cariad
eich cyd-ddyn yn dioddef
yn ei faw yn Rwmania
a gwerin yn profi gwae
a chwip yr unben.

Heb fodloni ar ddweud,
mynasoch weithredu,
ac yn y gwneud
profi grym dyfnach
na chysuron y ffald glyd
ond anghyflawn
a'r comin diganllawiau.

Teithwyr rhwng eithafion
deufyd,
pobl y ffordd
yn llenwi'ch lorïau
â thosturi;
mynasoch estyn llaw
at blant y stryd
a geisiai loches
yng ngharthffosydd Bwcarést.

Gwelsoch ddau balas
a adeiladwyd y tu hwnt
i bob cariad:
un ffyniant, dwy ffae
na chafodd y cadno na'i gnawes
eu mwynhau.

Yn lle ymddeol yn gyfforddus
buoch ffyddlon i'ch galwad,
a deffro cydwybod swrth
rhai fel ni
na wyddant eu geni
i estyn llaw
at blant ac etifeddion
y ddelfryd chwâl.

Calon wrth galon yn curo,
eich clustiau'n agored i gri
plant a theuluoedd yn dioddef
ger stryd ein gormodedd ni.

## GLENWOOD

Lle gwiw, i'n heddiw'n nodded, – ei groeso
Â gras yn agored;
A llaw hael yw hyd a lled
Y man sy'n rhodd cymuned.


## FFENESTR GOFFA
*(Ffenestr Goffa Dilwen a Mair Harris, Capel Bethel, Penarth)*

Dim ond dwy chwaer ar gyflogau isel
Yn gwasanaethu'r cleifion.

Dwy nyrs ar gyflogau isel
Fel llawer o nyrsys eraill
Sy'n rhan o ddodrefn ein cymdeithas glaf.

Ond yn y ffenestr fe'u gwelwn
Yn rhannu'r gwaith
Â'r Meistr ei hun.

Pendefigesau gwellhad yn gweinyddu
Y balm o Gilead
O law y ffisigwr mawr.

Gwella merch Jairus,
Y *Via Dolorosa*
A ffrwythau aberth y groes:
Mae'r rhain hefyd yn y llun.

Ac yn sydyn
Fe welwn eu bod
Yn rhan o'r darlun cyflawn
A'r lliwiau diddarfod.

FFRIND ADAR GWYLLTION
(*Ar lan Llyn Parc y Rhath*)

Heb undyn i'w ganmol
Nac argymell ei ddawn,
Yn drymlwythog fe ddaw
Â'i lond bagiau o dorthau
At ymyl y llyn.

Â'u llygaid craff yn gweld y crystiau,
Ei ffrindiau hefyd a ddaw
Ar adain chwim i glosio ato
A bwyta o'i law.

Ni wn pwy yw,
Na'i enw na'i hanes,
Na'r modd y tyfodd ei farf
Yn ddiarwybod dros y blynyddoedd
A melynu braidd
Fel hen femrwn
Nad oes neb yn dirnad ei werth.

Yn herciog y daw
A gosod ei gluniau i lawr
Ger ymyl y llyn
Ymhlith ei ffrindiau.

O blith dynion yn wrthodedig,
Ond hapus yma
Yn rhannu bara
O law i big.

## UNIGRWYDD

Mae'r ardd yn olau gwiw a blodau Mai
Ger llwybrau ddoe'n llawn sôn am sgyrsiau fu;
Mae'r pysgod yn y llyn mewn dŵr di-fai
A'r berllan coed afalau'n groeso cu.
A Non, yng nghwmni'i ffrindiau, ar brynhawn
Sy'n yfed te gan gofio'r dyddiau da
Pan oedd y plant yn dechrau dangos dawn
A'r gwanwyn digyffelyb yn troi'n ha'.
Ond yma, yn hoff fangre'i dyddiau drud,
Mae'n cofio hefyd am yr annwyl un
Wnaeth ennill yr holl harddwch llawn o hud
Yn nyddiau hwyl eu cydymdrechu cun:
Fan hyn, yn noddfa'u cydbaradwys hwy,
Mae cysgod ei hunigrwydd hi a'i chlwy'.

## MASNACH DEG

Rhy anodd ydyw rhoddi – o'n digon
        Fasnach deg rhag tlodi;
    Rhown yn iach fymryn ichi
    A chadw'n helw i ni.

## YMLAEN

Ddoe oedd ddiogel a helaeth;
Wedi ddoe, Covid a ddaeth
Â'i bwll hir o ymbellhau
Ynghyd â'r cyfyngiadau:
Lle bu'r hwyl, mae archoll brad –
Lle yw heddiw i'r lleiddiad.

Ddoe diogel ni ragwelwn
Oriau hir y pryder hwn;
Saff oedd hyd ein hawddfyd ni
Er ei boen a'i drybini:
Onid teg oedd byd diogel?
Onid gwyn yw'r hyn a êl?

Â'i arswyd ef, firws dig
A'i dwymyn o bandemig
Ddaeth yn nes gyda'i beswch
Hyd rwyg, a'i symptomau'n drwch;
Ac i'r glyn y gyrrai'i glaf,
Glyn wylo'r gelyn olaf.

Achlust a ddaeth am frechlyn,
Gobaith cu i deulu dyn,
I roi'n ôl yr hen olud
Â'r balm gan wyddonwyr byd;
A rhoi i lu wedi'r loes
Lawenydd anadl einioes.

Ymlaen, o'r haint mileinig
A'i drais, a gawn eto drig
Lle bydd llawenydd yn wych
Ac yn fan y gân fynych?
Awn ymlaen gan ymlonni
Â gobaith yn iaith i ni.

## ADDEWIDION
*(Gan feddwl am gelwydd pob unben)*

Yn nechrau pob gwrthdaro
Mae addewidion clir
Y bydd y lladd a'r brwydro
Yn gorffen cyn bo hir.

Yn sŵn yr addewidion
Bydd llu yn canu'n iach,
Rhoi cusan i'w cariadon
A'u lluniau yn eu sach.

Ar ôl y boen a'r ingoedd
A bwletinau'r awr,
Bydd bylchau yn y rhengoedd
A glybu'r celwydd mawr.


## MAO TSE-TUNG
*(Ysgrifennwyd cofiant iddo gan Jung Chang a Jon Halliday)*

Er y cyfleoedd a gafodd
yng nglas ei ddydd a hwyrach
i ymgyrraedd at y copaon,
daeth y dydd pan ddewisodd
ei ffordd a'i ffau.

Carodd ei fam,
casaodd ei dad
a chael y llaw uchaf arno.

Yna ymroi i bleserau'r corff
a'r deall,
a'i wely dan ei sang
o gyfrolau
a phetalau.

Yn ei haf, er anhunedd,
dysgu trin y cledd.

Y bardd a'r trefnydd
yn magu cyhyrau.

Ymhen hir a hwyr,
wedi'i galedu,
fe ddaeth y dydd
pan ddechreuodd orchymyn y lladd,
ac fel ci lladd defaid
cael blas ar waed.

Llwyr fu cyfaredd y lladd,
ac wrth ladd
dysgu casáu
ei gnawd ei hun.

Yn y naill law, pin ysgrifennu;
yn y llall, procer poeth.

Gyda sêl yr unben
cynyddodd ei rym
heb ildio modfedd i'w wrthwynebwyr;
'Rhag gelynion hunan,
rhaid wrth law gadarn,'
meddai'n gry'
wrth i'r miloedd lwgu.

Yn sŵn y dioddefiadau,
mireiniodd ei fri
drwy felysu bwledi
y llyfr bach coch.

Ond rhai mewn digonedd yma
a lafarganodd
ei enw fel mantra.

## WYNEBAU

Ni all 'run camera ddal wynebau
Torfeydd anhysbys o'r oesoedd a fu,
A rhai'n ymguddio tu ôl i eiriau
Cyfrolau aneirif â'u cloriau cry'.
Er craffu'n daer, ni allwn ni ddirnad
Nodweddion anghysbell eu trem a'u tras,
Eu gwên a'u gwg, eu crio a'u chwarddiad,
Awdurdod a loes y pennaeth a'r gwas.
Er hyn mae wyneb tu ôl i'r tremion
Sy'n ein gweld a'n hadnabod ni i gyd:
Lluniwr y sêr a wêl ein treialon,
Pob loes a gorfoledd sydd yn ein byd;
Ac ynghudd yn ein tremion ni bob un
Y mae gwedd ddatguddiedig Mab y Dyn

# GWYLIAU

## BEUDY BENDIGAID
*(Rhydlewis)*

I gael hyn, egwyl enaid, – bro awyr
A boreau cannaid,
Daw'r hwyl o wyliau di-raid;
Egwyl Beudy Bendigaid.

## WRTH GYNNAU TÂN

Y mae hwyl y fflamau hyn – yn gerydd
I'm geiriau gorgyndyn;
Eu hosgo rhydd wrth esgyn
Sy'n datod y tafod tyn.

## Y FONESIG GREGORY
*(Coole Park, Iwerddon)*

Naddaf yng ngwlad y Gwyddyl
Air i sôn, ar drothwy'r Sul,
Am Fonesig, unig wedd,
Unigolyn ymgeledd.

Diléit oedd ei chwedlau hi
A daniai'r gwir ddadeni;
Yn estyn yn ei phlasty
Arlwy oes storïau lu'n
Ddiddanwch o ddydd hynod
Dalennau byw chwedlau'n bod.

Yn nydd hael ei noddi hir,
Atal ni wnaeth ei choetir
I lenorion rodio'n rhydd
Dan y dail hyd wên dolydd.
I'w thylwyth, gwledd ei thalent
A rôi, heb ofyn un rhent.
Hudol oedd ei chwedlau hi,
A hiraeth yn ei stori.

Ni chaed bom yn ymgomio
Neuadd Coole, annedd y co',
Ond yno roedd gwerthoedd gwâr
I dywys meistri daear.

CYFANDIR

Wyt ti'n cofio'r noson honno
A ninnau'n lluddedig
Pan gysgon ni ar blatfform trenau
Yng Ngwlad Belg?

Y map ar daen ac oedolaeth o'n blaen
Fe gysgon ni heb falio dim;
A deffro ben bore a gweld uwch ein pen
Wyncbau'r cymudwyr зyn.

O'n blaen y diwrnod hwnnw roedd tipyn o daith
Yn ymestyn yn wahoddgar drwy sawl gwlad
Er peryglon y ffawdheglu ddaeth i ben yn y man.

Bu'n haf chwyldroadol
A myfyrwyr y Sorbonne
Yn ceisio agor drws.

Ond wedi'r anturiaethau
Dychwelyd fu raid
I wlad y rhigolau.

Ffawdheglu'n ôl yn anfoddog
A gwylio yn nrych y lorri
Y cipolwg a gawsom ar y tiroedd eang
Yn trawsffurfio'n raddol
I gynefin caerog
Ac ar wahân.

## TAFWYL

Y rhai a dyf o'r Dafwyl,
Trwy'u hoes a gofiant yr hwyl.

Eto hafan ein Tafwyl
Rydd yn hael ruddin ei hwyl.

Yn sŵn iaith a seiniau hwyl,
Tyfu, tyfu mae'n Tafwyl.


## STORMONT
*(28 Hydref 2022)*

Pan euthum yno gyntaf
Ar droad y mileniwm,
Roedd y gobeithion
Cyn uched â breuddwyd Jacob.

Y tu ôl i'r cerrig gwynion
Roedd cryn gyffro a disgwyliadau.

Yn y lobi
O flaen y grisiau mawr
Gwelais Martin McGuinness
A'n llygaid yn cloi.

Er pob ofn isel,
Roedd y gobaith yn uwch.

Ddoe ar y ddringfa hir fe wyddwn
Nad oedd gwleidydd ar gyfyl y lle.

Ond ym mrig yr hwyr,
Yn un o'r ffenestri,
Gwelais un golau trydan
Fel cannwyll yn llosgi.

## WYNEB GOGLEDDOL YR EIGER

Wedi bri ieuenctid braf y dewrion
  Hyderus dianaf,
  Anterth eu dringfa serthaf
  Roes fedd ar ddiwedd eu haf.


## CLYCH Y BUCHOD
*(Ger Kleine Scheidegg, y Swistir)*

Fe glywais glych y buchod – yn dwrw
  Hyd eu hwyr a'u hafod;
  A thiwnio campwaith hynod
  Uwch y clai wnâi clych eu clod.


## TAITH

Er bod yn hynod unwaith – diddychwel
  Yw dydd iach boreudaith;
  Ni throediaf yn llawn afiaith
  Yr heol hon yr ail waith.


## RHWNG DWY IAITH
*(Yn Sbaen, Hydref 2018)*

Rhwng dwy iaith roedd yn teithio – ac ar ffordd
  Ger ffin roedd yn crwydro;
  Yn fore aeth rhwng dwy fro:
  Mor rhydd ond heb ymwreiddio.

## MYND YN ÔL I DREFOR

Mynd yn ôl i Drefor ym mis Awst:
Arogli'r môr,
Doedd dim byd haws,
A blasu heli atgof
Ar lethrau'r Eifl.

Bob Awst fe aem yn ôl i'n hen fyd,
Ni a'i gadawodd i geisio hawddfyd;
Arogli'r rhedyn,
Crwydro wedyn
Rhwng mynydd a thraeth –
A chofio chwedlau'r glastir
Cyn ysgol oedoliaeth.

Roedd mynd yn ôl i Drefor
Yn rhan o'n trefn,
Dychwelyd i'r Gymru go iawn
Cyn tynnu'r llen.

Ond yn ystod cyfnod Covid
Doedd dim dychwelyd
Ac eithrio drwy ruthr atgof
Llinellau'r gerdd.


## TRAETH MAWR
### (Ger Tyddewi, 20 Ionawr 2023)

Â'i don a'i syrffwyr dawnus, ei lewyrch
    A'i liwiau a'i ynys,
  Difyr ei wedd, traeth di-frys
  Â'i dawelwch hudolus.

# GWIREBOL

### Y DYFODOL

Pob cyngor am yfory
Ddaw i fod o'r dyddiau fu.

Er mor faith ein gobeithion,
Rhyw siom a dreiddia i'r sôn.

Wedi cur, i'n gweryd caeth
Daw egin siomedigaeth.

Ddoe a'i fawl, rhyfedd o fyd,
Ddaw â rhinwedd i'r ennyd.

Fe deimlir eli'r alaw;
Hithau ddwg obaith a ddaw.

Daw i fod, o'r byd a fu,
Dwf arial byd yfory.

## AMSER NI THRAETHA

Amser ni thraetha am ddyddiau ein bri,
Ein saga chwim pan fo'n llygaid ynghau,
Ond diwedd ni fydd i'n gorffennol ni.

Er braw y bygythion a ddaeth ar li'
Ein hoes, er pob llef fe gawn lawenhau;
Amser ni thraetha am ddyddiau ein bri.

Rhywrai a dybiai, â gras yn eu cri,
Mai da oedd i gwlwm ein serch dynhau,
A diwedd ni fydd i'n gorffennol ni.

Mewn ffyniant a phoen buost driw i mi,
Pa elyn a feiddiai'n gwahanu'n glau?
Amser ni thraetha am ddyddiau ein bri.

Pa elyn â'i bladur, ei sen a'i si
A'i draha dwys a'n gwahanai ni'n dau?
A diwedd ni fydd i'n gorffennol ni.

Cyfaill a gelyn fydd weision di-ri';
Boed fwynder neu gledd, ein gwledd cawn fwynhau;
Amser ni thraetha am ddyddiau ein bri,
Ond diwedd ni fydd i'n gorffennol ni.


## TORPIDO

Anghenfil dig â digon – yn ei fol
    O falais a ffrwydron;
  Â dur dall fe dyr y don
  A'i gôd yw Armagedon.

## MEDDWYN

Os yfed heb ddisychedu – a wnei,
    Pa niwed wnaiff darddu?
  Ai dy fwriad yfory,
  Ar y teils, fydd chwalu'r tŷ?


## MAT CROESO

Gwn nad oes yn ei groeso – un hagrwch
    Na rhagrith yn cuddio;
  Rhoed rhuddin cartre' drwyddo
  Eithr hawdd yw ei sathru o.


## GALWEDIGAETH

Yn ardaloedd dig a siomedigaeth
Yn sŵn hen wylo a'r nos yn helaeth,
A thi, er oedi uwch hen ddelfrydiaeth
Hyd gwm hen aeaf a digwmnïaeth,
Ar y ffridd lle na ddaw'r ffraeth – gwisga glog
Yn dawel oediog dy alwedigaeth.


## DEFFRO

I weithiwr, drws i'w wthio, – drws y dydd,
    Drws i daer ymlafnio;
  I'r diffaith na fyn weithio,
  Adwy ei ofn ydyw o.

## IEUENCTID

Rhyfyg oesol yr ifanc:
Hyder hen, rhoi her i dranc.

## ADWY'R DIWEDYDD

Er dod i adwy'r diwedydd, a'i niwl,
Disgwyliaf y wawrddydd;
A gwelaf ddôr yr hafddydd:
O niwl y daith, haul y dydd.

## CANTRE'R GWAELOD

Mae clychau her a cherydd – yn anfon
O'r henfyd eu rhybudd
Rhag galar awr cywilydd
Seithennyn ar derfyn dydd.

## DWY GALON

Dwy galon gyda'i gilydd – a ganant
Drwy'u gwanwyn a'u hafddydd;
Un o fil eu hydref fydd
Cyn datod cân diwetydd.

## WCRÁIN

Taro tu hwnt i eiriau, – rhoi heddiw
Benrhyddid i'r angau;
Wedi'r braw, fe ddaw'n ddi-au
Funud awr cyfiawnderau.


## METRONOM

Ei rodiad mewn tipiadau – yn gyson
Y gesyd ei ddeddfau;
Creadur y curiadau
Heb raid ond dyfalbarhau.


## TIROEDD Y CUR

Er ei fesur a'i feysydd,
Di-gân yw tir digonedd.
O egin llym gwanwyn llên
Tiroedd y cur y tardd cân.


## PENARTH
### (4 Chwefror 2022)

Dyma ef, ger naid y môr
A'r oerwynt ar ei oror;
Golud taith yw gweled dôr.

# NATUR

## GWANWYN GERWIN

O rew ei frath ar y fron y rhynnodd
Yr ŵyn, a cheryddon
Ei ddig roes laddedigion
Ar flaen tir fel ewyn ton.


## Y BADDON ADAR

Roedd baddon ein gardd yn groeso i gyd
I wlychu adenydd holl adar y byd.

Drwy'r gwanwyn a'r haf fe ddeuent yn llu
I sblasio yn nŵr eu baddon cu.

Ond gaeaf a ddaeth fel dewin di-raen
A'r baddon a'i ddŵr oedd fel haearn Sbaen.

Na phoener, un ffeind dywalltodd ddŵr poeth
A'r adar sy'n tasgu mewn sawna coeth.

HEBOG

Yn Stratford 'slawer dydd a'r lle yn llawn
Ymwelwyr boneddigaidd a di-frys,
Fe'i gwelais ef, o fraich ei swrth brynhawn,
Yn hedfan yn osgeiddig uwch y llys.
Mor esmwyth ei ehediad ac mor saff
Â deryn sioe mewn sw yn ddiddrwg chwim
Neu ddringwr yr entrychion gyda rhaff
I'w ddal, a'r holl beryglon megis dim.
Ond un prynhawn dirybudd ger fy nhre'
Uwch gwrychoedd diffiniedig llwybrau dyn,
Fel mellten daeth yn fraw dros f'ysgwydd dde
I gael y blaen ar ddryw oedd wrtho'i hun:
Â rhuthro digyfaddawd daeth yn ddig
Nes mudo gwich y truan yn ei big.


CRËYR GLAS YM MHARC BIWT

Yn heddiw ei lonyddwch – yn fore
    Myfyria ger tegwch
  Lôn y dref a'r dail yn drwch
  Ar dir gwylio'r dirgelwch.

Yn ddi-saib wrth fynd heibio i'w awr gu
    Bore gad sy'n rhuthro
  Heb weld, o'i brys, man y bo
  Ei fawredd yn myfyrio.

Wrth ei fodd â gwyrth ei fyd – yn araf
    Ragorol fe gyfyd;
  Naws ei hedd erys o hyd
  Ar derfyn rhod ei wawrfyd.

## GWANWYN YN Y DDINAS

Er y ceir a'u rhuo cas,
Uwch eu mwg daeth breichiau mis
Dilychwin y dail uchel,
A daw'r haf i'm bro drefol.


## BORE O EBRILL

Bore llon Ebrill lluniaidd – ddynesodd
    Yn was boneddigaidd,
Ond o'i rodio lladradaidd
A'i naid rew, daw llafn a draidd.


## MAI A'I GOED YMA A GAF

Mai a'i goed yma a gaf
Yn ei ddail a'i wyrdd heolydd,
Nid yn ffraeth nac yn helaeth ei heulwen.

Mai a'i goed yma a gaf
A'r dail am yn ail â niwloedd
Drwy heddiw hir holl eiliadau'r dderwen.

Mai a'i goed yma a gaf;
Yr haf fydd faith ac afieithus,
Ond nawr mae'r glaw'n gyfalaw gofalon.

Mai a'i goed yma a gaf;
Drwy'r ddôr acw y daw'r ddrycin
O rym oriog y môr a'i furmuron.

## DAU HEBOG GER GWESTY

Daethant i'n diddanu,
Y negeswyr hyn a fu
Ar fraich Llywelyn.

Cyraeddasant yn gaeth
Yng nghawell y dyn adar,
Eu hadenydd yn dynn
A'u traed mewn modrwyau dur.

Er hynny,
Soniasant wrthym
Am awyr a gwynt,
Copaon moel
A gwaed yng nghrafanc y nos.

Roedd hediad ofnadwy'r nos yn eu trem
A'u hosgo pendefigaidd yn sôn
Am obaith gwyllt
Clogwyni ymylon rhyddid.

Negeswyr yr ucheldir
A noethni meddal eu cnawd
Dan arfwisg o blu.

## CYNHADLEDD O'R PLEIDIAU

Y COP yn llawn dop bob dydd:
I blaned, mor ysblennydd
Oedd hud yr addewidion,
Geiriau byw o'r brig i'r bôn;
Siarad ac anerchiadau –
O mor wych i'r camerâu!

Ond byd y cerbyd carbon
Yw'n byd sy'n gwegian i'r bôn;
Ac amser, amser o hyd
Nid oeda er pob dwedyd,
Ac mae'r holl warth o garthu
Yn fwrn ar lendid a fu.

Oes rhaid i'r byd ochneidio
Gan ddolur ei wewyr o?
A ddaw mwynder ceinder cu
Yn lle hagrwch a llygru?
O danwydd diwydiannol
Ein hoes, a delir yn ôl?

Wedi myrdd o siarad maith
Ysgubol, a oes gobaith?
Ai undod o'r trafodion
Ddaw i'r ddaear hawddgar hon?
Daw i fod, drwy gadw a fu,
Fawredd cyfiawn yfory.

## GWYDDONYDD
*(Syr John Houghton (1931-2020) )*

Rhag llif Poseidon, â llaw gwyddoniaeth
Y codai beunydd ei walydd helaeth;
Y gŵr diegwyl ei oruchwyliaeth,
Rhag oes a hunai yn rhoi gwasanaeth,
Â dur ei ddealltwriaeth – bu'n llifddor
Rhag môr a foddo'r hen etifeddiaeth.


## STEVE IRWIN
*(1962-2006)*

Mwythodd lewpardiaid gan wenu
A herio'u crafangau hy;
Ymhoffodd mewn anaconda
Gan ddweud bod ei phleth yn dda;
Hithau yr erchyll beithon
Roes anwes i'w ryfyg llon.

Chwarae a chrocodeiliaid
I hwn fu'n bleser di-baid;
A nadroedd taipan a roddai
Serch arno heb ddannod ei fai.

Â gwenwyn slei a gwanu,
Ei ladd wnaeth y forgath ddu.

## TYWYLLWCH

Yn raddol y daw, does dim ots gan rai
Pan fo'r wawr ymhell a'r pnawn yn troi'n hwyr;
Fe ddarfu'r penllanw, prysuro mae'r trai.

Yn oriau'r hwyr ddaw â chryndod i'n clai,
Er pwysau'r nos, ni fydd arswyd yn llwyr.
Yn raddol y daw, does dim ots gan rai.

Pa ddiben holi a cheisio gweld bai
Pan fo'r coesau'n wan a'r galon fel cwyr?
Fe ddarfu'r penllanw, prysuro mae'r trai.

Pob gofid a phoen, pob ing fwy neu lai
A ildia i'r gwyll, ychydig a ŵyr
Mai'n raddol y daw, does dim ots gan rai.

Heb le i guddio mewn strydoedd na thai,
Heb gyswllt perthynas, heb fab nac ŵyr;
Fe ddarfu'r penllanw, prysuro mae'r trai.

Er cysuron gwiw, ni fydd poen yn llai –
Dinasoedd ar oledd, pob gwlad ar ŵyr:
Yn raddol y daw, does dim ots gan rai;
Fe ddarfu'r penllanw, prysuro mae'r trai.


## HYDREF

Er pob briw, mae ei liwiau – yn y llun
    Yn llenwi'r munudau
  A rhoi'n hael, er pob prinhau,
  Awr eglur ei fíraglau.

GAEAF

Holl oerwynt y gaeaf llwyraf – ni all
   Â'i ddryllio caletaf,
Er ei lanast creulonaf,
Ddileu ein dyheu am haf.


NADOLIG 2020

Er blwyddyn lem y pandemig    i'n byd
   Daw balm yn galennig;
Daw o'r glyn frechlyn i'w frig,
Daw o'r boen fyd arbennig.


ADERYN BRONFRAITH

Ei gân uwchlaw ein gofid
   Yn angerdd uwch na'n poen;
Ei drydar gwell na'n drygfyd,
   Pob gwynfyd yn ei hoen.

Ei galon yn ymgolli
   Yng nghampwaith pur ei fyw
Ar adain lonydd gweddi
   Sy'n glir tu hwnt i glyw.

Ar hirdaith ei fyfyrdod
   Yn llonydd ar ei frig,
Mewn heulwen ac mewn cysgod
   Heb ddirni gwae na dig.

Fel petai Mai difloesgni
   Pob diolch yn ei gân,
A'i fawl yn golchi'n gerddi
   Â hwyl diddanwch glân.

## CANTOR Y COED

Heb ofer waith a heb frys – o'i fynwes
    Daw cyfanwaith dilys;
  Gwell ei lef o gell ei lys
  Na durwaith dyn nad erys.

Mae'n frawd sy'n emyn i'w fro
A'i diwn yn wisg amdano;
Rhannu dawn uwch darn o dir,
Golau ystyr uwch glastir.

Ni fyn fri, nid ofna frad;
Gwynned yw ei ddatganiad!
O radd i radd daw'r weddi
A Duw yn ei nodau hi.

Rhannu calon ar ddrain celyd – rhannu
    Aur ei enaid hefyd;
  Er pob briw, cantor diwyd:
  Un â'i gorff yn gân i gyd.

## ADERYN BACH A CHUDYLL

Aderyn uwch ei diroedd – a welwyd
    Gan heliwr y lluoedd;
  Un sgrech ar bwys y gwrychoedd
  A chigfa yr helfa oedd.

## TACHWEDD

Nid Tachwedd yw diwedd y daith – o'i niwl
    Daw heulwen a gobaith;
  Ac o aeaf diafiaith,
  Tymor mud, daw miri maith.

## LLWYNOG

Dan law y pandemig ac yn nyddiau Putin
Fe'n cadwyd yn gaeth
Am fisoedd maith oedd fel gyrfa gyfan.

Ein drysau ynghlo rhag pawb
Ond y cludwyr lluniaeth,
Mor llwm oedd ein byw
Cul a phryderus.

Cyn iddo ddod, gwelsom waith y nos:
Roedd y cae o flaen y tŷ yn wyn
Gan lwydrew anobaith.

Ac yna fe ddaeth
Yn holl ysblander ei ryddid.

Rhedodd ar hyd wal bellaf yr ardd
A rhedeg yn ôl,
Ac yna sefyll.

Safai am rai eiliadau
Ar ganol y cae,
Yn fflam heriol ar y gefnlen oer.

Cododd ei bawennau i'r nen;
Mor ystwyth ei droadau
Ac enigmatig,
Mor hardd a llawen ei lun
Wrth iddo –
Er gwaethaf ein problemau –
Ddawnsio.

## YR WYDDFA

Ei rym yw panorama
Di-rwysg ucheldir yr ha';
Ei fwynder uwch ei erwau
A fyn daith gan fwy na dau.

Eto gwep 'rhen Rita Gawr
Yn ei arfwisg sy'n ddirfawr
O galed dan helmed iâ:
Daw â'i ddefod o ddifa.

Dyma her ei dymhorau
Hynod ef i fwy na dau;
O hyd mor enbyd yw rôl
Ei hanes deubegynol.

# TEULU

## AR GERDYN GŴYL SAIN FOLANT

Rhowch heddiw yn dorch iddi – y gwyrda
    Ar gardiau eich cerddi;
    Addef wyf y rhoddaf i
    Harddach ganmoliaeth erddi.

## ABERYSTWYTH
*(I Gwen ar Ddydd Sain Folant)*

Nid y môr 'rwy'n 'drysori – nid hanes
    Y tonnau a'u torri
    Ar gerrig sy'n rhagori,
    Ond golud oes dy gael di.

## I GYMAR YR HWYR

Gan mor ddisglair y disgleiri – yn hynt
    Ac anterth d'oleuni,
    Y mae'n haws pan mae'n nosi,
    Haul y dydd, dy ganmol di.

## DRANNOETH DYDD SANTES DWYNWEN
### (*I Gwen*)

Ein cwlwm ddoe ni chofiais,
Ein dathliad serch ni nodais;
I Ddwynwen nawr, fe rof yn glau
Fy nidwyll ymddi'riadau.

Er hyn, er na fu cofio,
Gwybydded pawb a welo'r
Llinellau hyn nad undydd brau
Yw hyd fy niolchiadau.

Pob dydd mae Dwynwen yma
Yn dyst i'n cyd-rodianna
A'n bywyd oll sy'n cydymwáu
Bob awr a thrwy'n holl ddyddiau.


## GWEN O FLAEN TREFEDDIAN

Yn sefyll o flaen y gwesty,
Sblashys o las a gwyn a gwyrdd
Yn gefndir. A phobl
Yn eistedd ar feinciau
Yn y prynhawn diderfyn.

Gwen yn ei sbectol haul,
Ei watsh arian yn sgleinio
A'i gwên yng nghanol y llun.

Mewn heulwen a chysgodion,
Yn yr ennill a'r colli,
Ar rimyn traeth a chopa profiadau,
Fy nghymar,
Fy ngwraig.

I'm cyd-bererin mewn hawddfyd a drycin,
Heb gerdyn na geiriau o dras,
Dyma hyn –
Fy niolch a'm serch.

CAPEL SEION, CWMAFAN
(*I Gwen ar achlysur dathlu ein priodas ruddem,
gan gofio'r gwasanaeth yng nghapel
Seion, Cwmafan, 27 Awst 1977*)

Aros ni wnaeth y muriau – y to hen,
Fe'i tynnwyd yntau;
Ond erys hud munudau
Lleisiau tŷ lle asiwyd dau.

## PRIODAS RUDDEM

Dydd o oed dedwydd ydyw,
Dydd o gân, nid heddiw gwyw;
Er ein mwyn, dydd o swyno
A dydd ein hafddydd yw o.

Cwm yr haf oedd Cwmafan,
A chwm llawenydd a chân,
A dawn tenoriaid yno
Rhoi cân i drysori'r co'.

Nerfus ein cydgyfarfod
Yn awr bur cyfandir bod,
Ond gair o'r Gair ddaeth yn gu
Yn rhodd i'n cyfareddu.

Ymhen chwap aeth y capel,
Seion gynt heddiw sy'n gêl;
Heibio'r aeth deugain â brys
Ond awr ein hoed a erys.

Yn deg yng nghwlwm deugain
Y mae gem sy'n rhuddem gain.

## TEITHIO I LAWR I'R DE

Ni theithiais erioed i lawr i'r de
  Heb feddwl amdanat ti;
Â'r gogledd o hyd yn dynfa gre',
  Mil cryfach dy dynfa di.

Ni ddaeth un Medi a'i niwl erioed
  Heb gysur dy enw di;
Na gwynt na glaw na chreigiau na choed
  Heb fod drwyddynt dy enw'n fri.

Lle bynnag af, lle bynnag fy nhaith,
  Fan yno hefyd rwyt ti;
Er crwydro 'mhell ar foroedd neu baith,
  Dod nôl a wnaf atat ti.

Wrth d'ymyl wyf, yn agos neu 'mhell,
  Bob tro llawn dyheu wyf i;
Lle bynnag fu'r daith, bydd cofio'n well
  O gofio'n dy gwmni di.

Gwell tanwydd nid oes i'm gyrru 'mlaen,
  Rhoi'i dân wna dy gariad di;
Yn hydref fy myw a'r niwl yn haen,
  Mae'n deg yn dy gwmni di.

## CARIAD

Yn gynnar cefais garu – yr eneth
  O rinwedd a gallu;
  O dy gael, heb dy gelu,
  Deil y cof ein chwedlau cu.

## HEFIN ELIAS
### (1935-2011)
*(Ar achlysur dathlu Priodas Aur Hefin a Ceinwen, 17 Awst 2011)*

O Gil-y-Gorwel gweli – y dyddiau
A'u diddig gyflawni;
Doniau da dy wenau di
A rannodd drysor inni.

## GWAHODDIAD I BRIODAS
*(sef priodas Luned a Huw, 26 Hydref 2017)*

Dewch i'n gwledd gyda'ch gweddi – dewch â hwyl
Gyda chwa direidi;
Yn llawen dewch eleni
I faenor ein neithior ni.

## I GWAWR A RHUN
*(ar ddydd eu priodas, 3 Mehefin 2011)*

'Waw! mae Gwawr yn rhagori – heddiw'r af,'
Meddai Rhun, 'a'i phriodi';
Fel hyn nawr fe welwn ni
Gwawr a Rhun yn gwirioni.

## I HUW AARON
*(Fy mab-yng-nghyfraith, ar ei ben-blwydd yn ddeugain oed)*

Deugain oed a hogyn yw,
Cadarn ac ifanc ydyw;
Craff ei ddawn fel dawn y dydd,
Rhyw lwynog o arlunydd:
Llwynog â dawn gwneud lluniau
O wir hwyl fydd yn parhau;

Ac yn ardal ei balas
Nid pigog, draenog o dras.
Rhyw hogyn sydd fel broga
Yn rhwydd ei sboncian drwy'r ha'
Neu lyffant i blant ei blwy'
Fyn haid o hwyl ofnadwy;
Yn ŵr llawn, a meistr y llun,
Y goreugwr o hogyn.
Tynnodd â'i holl gartwnau –
Cŵl ei waith – y chwerthin clau,
A lluniwr llawn llawenydd
Hynod iawn yw Huw ein dydd.
I Luned rhoes oleuni
Mawl ei waith i'w chanmol hi;
Hon, i'w waith, ei awen yw,
Dur i hyder Huw ydyw.
Llond gwlad o bortreadau
A ddaw o'i waith yn ddi-au;
Yn Nôl Awen fe liwia
Lu ei daith â'i liwiau da.
I Huw Aaron 'rawron rhoed
Y ganig i ddeugeinoed:
Gan annog, gwerthfawrogwn
Lên a dawn luniadu hwn;
O 'stafell ei linellau
Y gwêl freuddwydion yn gwau,
A daw o freuddwyd ei waith
Yn wastad wir artistwaith.
Cartwnydd llawrydd a llon,
O gaddug a ddug ddigon
O'r wên a ddaw o rannu,
Yn lle dagrau, luniau lu.
Yn annedd deugain heddiw,
Yn ddi-lol rhown ganmol gwiw.

## I JOHN AARON

I'w rwyd mae'n hel heb gelu – hanesion
Hynawsaf y Cymry;
Rhwydo'n fyw o'r doniau fu
 rhwyd ei fawr efrydu.

## MAIR ELUNED DAVIES
(1929-2023)
*(Lluniwyd y cywydd hwn ar achlysur
ei phen-blwydd yn 80 oed yn 2009)*

Cyn dyfod angof, a gofi
Gân a hwyl ei chegin hi,
Holl wanwyn ei llawenydd
Heb rwysg a heb ddim yn brudd?

Yn y wledd, ei harddwledd hi,
Gweiniaid gâi eu digoni.
O nawdd ei mwyn ymddiddan,
Hyder gâi y brodyr gwan.

A geiriau Mair, gorau medd,
I galon oedd ymgeledd.
Rhoed iddi, o rwyd heddiw,
Hafau gwych y cofio gwiw:

Cofio calon haelioni –
Erys haf ei chroeso hi;
Cofio'n llawen ei gwenau
Yn nydd bri cyn dyddiau brau.

Cofiwn, fe gofiwn yn gu
Ei thalent hi i'w theulu;
Ar heolydd rhoi helaeth,
Ei dydd o gân nid oedd gaeth;

Yn ddiymwad o gadarn –
Heb os, un ddiogel ei barn.
A heddiw deil yn addysg
Y gair gan Mair yn ein mysg –

Y geiriau hael agored;
Er ei chroes, mor wiw ei chred:
Yn wan, er hyn dan ennaint,
A'i bri yn coroni'n braint.


CWMNI YN Y CLO
(*Mair Eluned Davies, gyda'i ffrind Pat,*
*yng ngardd Llys Morel, Penarth, 14 Ebrill 2020*)

Fel prynhawn o gyflawni – ym Morel
Mae'r hwyl i'w drysori;
Â lleisiau hwyl ei llys hi,
Mae rheswm i oroesi.

## DATHLU
*(Darllenwyd i Mair Eluned Davies, fy mam-yng-nghyfraith, ar*
*ddydd ei phen-blwydd yn 93 oed, 27 Mehefin 2022)*

Yn eneth ifanc heini,
  Fe roesoch chi eich bryd
Ar lwyr gyflawni campau
  A llwyddo yn y byd;
Ymroi bob dydd oedd greddf eich bod
I blesio rhywrai a chael clod.

Ac yn y Coleg wedyn
  Roedd fflam eich asbri cry'
Yn destun llwyr edmygedd
  Eich cyd-fyfyrwyr cu;
Ond gydag un fe gawsoch rodd
A derbyn bendith wrth eich bodd.

A heddiw gyda'ch teulu,
  A chithau'n naw deg tri,
Mor hyfryd ydi dathlu
  Eich holl lwyddiannau chi;
Yn berson gloyw, mawr eich clod,
Sy'n cyrchu'n llawen at y nod.


## I ANNES GLYNN

Llenor yr ucheldir mirain – yn nydd
  Ei llenydda cywrain;
Dawns i gyd yw Annes gain
A'i direidi ar adain.

## DYDD O DDATHLU
*(I Luned a Huw)*

Rhannu llw, rhannu lliwiau;
Rhannu stori, rhannu dyddiau:
Rhannu gwawr y bore heulog;
Rhannu aur yr hwyrnos lawog.

Ar y daith, cydrannu straeon;
Rhannu fflamau hud alawon:
Dan ganghcnnau cacl cydrodio
Llwybrau'r Meistr sy'n eich donio.

## DAETH DAU I'R OED
*(I Bethan ac Iwan Davies ar achlysur eu priodas, 8 Awst 2003)*

Rhoed cymar gwiw i Iwan – a gemwaith
O gymar yw Bethan;
Daeth dau i'r oed, rhoed i'w rhan
Afiaith ymroddiad cyfan.

## RHANNU RHINWEDD
*(Priodas Meleri ac Ieuan Jones, 15 Medi 2012.
Daeth Côr Seingar i ganu yn y gwasanaeth.)*

Chwi a rannwch o rinwedd yr Iesu
A roes o'i hynawsedd
A'i wir allu yr allwedd
I'w gael ei Hun yn eich gwledd.

CWTSH

Tra bydd gwerth a thra bydd chwerthin – a gair
Rhagorol yn gyfrin,
Dy garu, er byd gerwin,
A wnaf drwy aeaf a'i hin.


I EOS AARON
*(Ganwyd Awst 2013)*

Wedi'r llafur, cysuron – wedi'r boen
Daw i'r byd alawon
A miri haf murmur hon,
Y siriol Eos Aaron.


I OLWEN AARON
*(Ganwyd ar Sul y Pasg, 2016)*

Rhoes Huw ei groeso i hon, – yn annwyl
Rhoes Luned ei chalon;
Eos sydd yn lleisydd llon
Oherwydd Olwen Aaron.

## I OLWEN YN BUMP OED

Pwy sy'n dawnsio'n ysgafn droed
Ac yn hoffi'r ardd a'r coed?
Pwy sy'n dathlu ei phump oed?
Olwen Aaron.

Yn y dref neu yn y wlad,
Cerdded gyda'i mam a'i thad
A'i chwaer fawr yw ei mwynhad:
Olwen Aaron.

Yn y gegin gyda'i mam,
Darllen llyfrau, gofyn 'Pam?'
Yna'n sydyn yn rhoi llam:
Olwen Aaron.

Ein dymuniad iddi hi –
Diwrnod hapus gyda chi;
Rhowch i hon bob braint a bri.
Olwen Aaron.

Ym mis Mawrth a'r gwanwyn llon
Fe ddaeth diwrnod newydd sbon.
Pen-blwydd hapus nawr i hon –
Olwen Aaron.

## OLWEN YN DAWNSIO

Iddi daeth ger neuadd den – iasau cerdd
A dawns coed yn llawen;
Daeth dawns arbrofol Olwen
O deimlad clir profi'r pren.

## I EOS AARON
*(Yn wyth oed)*

Yn Windsor – rhyfeddodau,
Mae'r lle yn llawn o siapiau;
Ac mae'n lle gwych am wyliau
I Eos a'i theulu hi.

Yn Legoland mae reidiau
A dirgeledigaethau,
Heb sôn am lwyth o liwiau
I Eos a'i theulu hi.

Ym Mythica – bwystfilod,
Skylion llawn rhyfeddod
A phethau hynod, hynod
I Eos a'i theulu hi.

Ond dyna braf dod adre',
Wedi'r holl hwyl a'r gwylie,
I'r lle syfrdanol gore –
Dôl Awen a'i phen-blwydd hi.

## TAD-CU AC ŴYR

Dere am dro, Tad-cu, 'da fi,
  Gad nawr dy ddesg a'th lyfre;
Paid dod â dim o'th waith 'da ti –
  Y traeth yn awr yw'n gweithle.

Yn lle dy ddesg bydd tywod sych,
  Yn lle dy sgrin bydd pylle
A'r môr yn glir a'r haul yn wych;
  Nid cader nawr ond creigie.

Fe gawn astudio'r traeth ein dau,
  Cawn hwyl yn Llyfrgell Natur;
Heb waith yn galw, dere'n glau;
  Bydd hwn yn ddiwrnod prysur.

## TEULU
*(Ym Maes Awyr Heathrow)*
*(Cyflwynedig i Gerallt a Pamela)*

Y mab,
fel roedd fy mab,
ei ben yn pwyso
ar ysgwydd ei dad;
y ferch,
fel roedd fy merch,
a'i phen ar ysgwydd ei mam.
Ym merw prysurdeb teithwyr,
y pedwar yn cysgu
fel y Meistr yn y storm.

O'u cwmpas ym mhobman,
y byd ar daith
a lolfa'r ymadael
yn fôr o fynd.

Os pleser yw teithio byd,
pery'r hanfod yn aelwyd.

A minnau ar daith
i'r parthau pell
heibio i'm cyhydedd
a'm trofannau,
o'm blaen wele'r teulu hwn,
ynghwsg yng nghanol eu taith
fel darlun o'r Meistr yn gorffwys
yn llestr ein storm ac ymhell o'i wlad.

## GENETH IFANC MEWN HEN FFOTOGRAFF
*(Er cof am fy mam, Grace Roberts (1918-2018) )*

Naw deg pump o flynyddoedd yn ôl
Pan oeddech chi'n 'ti'
Ar lawnt y plas
Yn dysgu rhedeg,
Y gwynt yn eich gwallt
A'r gwellt dan eich traed yn magu meillion . . .

Naw deg pump o flynyddoedd yn ôl
Ar ddechrau pererindod
Rhwng dau Ryfel Byd,
Mewn dillad gwyn,
Yn ffrind i'r awel,
Cap haul am eich pen
Ym mreichiau eich mam . . .

Naw deg pump o flynyddoedd yn ôl
Cyn tyfu'n wraig,
Cyn nabod gŵr,
Na magu plant . . .

Yn bedair oed
Ar lawnt y plas
Yn yr ennyd loyw

A'r dyfodol ymhell.

## CWLWM CARIAD

*(Penillion a draddodwyd i fy mam, Grace Roberts (1918-2018) ar achlysur*
*dathlu ei chanfed pen-blwydd, 4 Chwefror 2018.)*

Â'i llygaid effro hawddgar,
  Cipolwg gwanwyn byw,
Enillodd serch a chalon
  Ei chymar effro, triw;
Trylwyr uwch pob treialon
  Fu'r cwlwm yn eu haf:
O'r cwlwm hwnnw heddiw,
  Gweld ffrwyth eu cariad gaf.

Cariad oedd dechrau'r hanes,
  Rhyfeddod dechrau'r daith,
Y cydedmygu bywiog
  Mwy gwych na gem a gwaith:
Cariad oedd sail eu cymod,
  Cariad oedd to eu tŷ:
Cyfrinach cariad heddiw
  Yw'r atgof am a fu.

Pa ddiben colli dagrau
  Am golli'r hyn nad yw?
Mae ffrwyth y cwlwm cariad
  Heddiw'n drysorfa fyw;
Yn heddiw'r dathlu gloyw
  Heb gysgod siom na braw
Rhown glod yn hwyl yr ennyd
  Am loywder byw a ddaw.

Yn llawnder lliw y canfed
  Pen-blwydd rhown ddiolch nawr
I Luniwr y blynyddoedd,
  I Feistr munud awr;
Cawn edrych i'r dyfodol
  Ar sail addewid byw
Y cariad nad yw'n darfod
  A'i rym yng nghalon Duw.

## Y FFYNNON

*(Mae'r ffynnon hon ger y tŷ yng Nghwm-y-glo, Gwynedd, lle y treuliodd fy nhad, Y Parch. Emyr Roberts (1915-88) ei blentyndod.)*

Yno erioed, yn oedi,
O ddawn y ddaear oedd hi;
Mewn gardd, ond o bell darddiad,
Ger talcen tŷ teulu'n tad.

Ei drych oedd yn llond o ras
A'i dŵr oedd rodd i deras;
O noddfa ddofn ei chuddfyd,
Ias dŵr hon oedd balchder stryd.

Ydi'i gwaith hyfryd o gu
Heb hwyl ac wedi pylu?
O wyll iach, dan ei llechen,
Rhed ei dŵr diwyd a hen.

# NODIADAU

## LLUN Y CLAWR

'Ffenestr Goffa Dilwen a Mair Harris, Capel Bethel, Penarth'. Meddai'r arlunydd gwydr lliw, Gareth Morgan, Caerfyrddin:

Am fod y ffenestr hon i goffáu dwy chwaer oedd yn nyrsio, y syniad a ddaeth i mi ar y cychwyn cyntaf oedd 'Gwellhad'. I'r perwyl hwn, cefais fy ysbrydoli o'r dechrau gan eiriau'r proffwyd Jeremeia: 'Onid oes driagl [balm] yn Gilead? onid oes yno ffisigwr?' (Jeremeia 8:22), geiriau oedd yn gwneud imi feddwl am bennill cyntaf emyn Edward Young yn efelychiad WilliamWilliams, Pantycelyn:

> Pwy ddyru i'm falm o Gilead,
> Maddeuant pur a hedd,
> Nes gwneud i'm hysbryd edrych
> Yn eon ar y bedd,
> A dianc ar wasgfaeon
> Euogrwydd creulon cry'?
> 'Does neb ond Ef a hoeliwyd
> Ar fynydd Calfari.

Dyma beth a awgrymodd strwythur y fffenestr i mi: gwaith Dilwen a Mair Harris yn gwella cyrff y cleifion, a'r Ffisigwr Mawr, Iesu Grist, nid yn unig yn gwella cyrff pobl sâl ond hefyd, trwy ei aberth mawr ar y groes, yn gwella eneidiau trwy ddod â maddeuant i bechaduriaid.

Ymchwiliais i mewn i blanhigion a gofnodir yn y Beibl, planhigion a gâi eu defnyddio i drin afiechydon – Balm, a hefyd Ffenigl (*Dill*). Felly, rwyf wedi trefnu'r ffenestr fel bod gwaith y nyrsys Dilwen a Mair ar y chwith, gyda'u hoff flodau, yn cydbwyso planhigion y Beibl ar y dde.

Mae'r blodau eraill ar y chwith yn gysylltiedig â gwaith y nyrsys yn ystod y rhyfel – y pabis coch, y pabis porffor – a'r olewydden hefyd yn sôn am drin cleifion.

Ar y dde, rwyf wedi darlunio Crist yn gwella merch Jairus; ei farchogaeth i mewn i Jerwsalem; a changhennau palmwydd yn addurno'r daith.

Fel arlunydd gwydr lliw, rwy'n hoffi bod delweddau'n cyflawni mwy nag un swyddogaeth. Felly, mae'r ffordd tuag at Jerwsalem hefyd yn cynrychioli'r *Via Dolorosa*, y llwybr at y groes ac, ar yr un pryd, postyn y groes.

Rwyf wedi awgrymu'r groes fel pren cyntefig, a'r grawnwin ac ŷd yn cynrychioli aberth y groes, ac yn asio â phatrymau planhigion sy'n nodweddu'r ffenestr ac yn rhoi undod iddi.

> Yn  rawnwin, ar y groes,
>   Fe droes y drain;
> Caed balm o archoll ddofn
>   Y bicell fain.

Uwchben y 'groes', ac yn rhan ohoni, gwelir haul yn codi: 'Ond Haul cyfiawnder a gyfyd i chwi, y rhai ydych yn ofni fy enw, â meddyginiaeth yn ei esgyll' (Malachi 4:2).

Mae'r groes yn deilio fel pren byw, gan atseinio'r weledigaeth yn Natguddiad Ioan: 'Yng nghanol ei heol hi [y Jerwsalem Sanctaidd], ac o ddau tu'r afon, yr oedd pren y bywyd, yn dwyn deuddeg rhyw ffrwyth, bob mis yn rhoddi ei ffrwyth: a dail y pren oedd i iacháu'r cenhedloedd' (Datguddiad 22:2).

Mae gwydr lliw yn gyfrwng â dau ddimensiwn; felly, i greu patrymau, rwyf yn hoffi cyfuno dwy ffordd o edrych – golwg llorweddol ('the elevation'), a'r golwg oddi uchod ('the plan') – a dyna a welir yn y ffordd y mae rhai o'r coed wedi eu cynrychioli gyda'u ffrwythau.

## LLWCH t.10
Roedd yr awdl hon yn fuddugol yng nghystadleuaeth y Gadair yn Eisteddfod Teulu James Pantyfedwen, Pontrhydfendigaid, 2018. Y testun oedd 'Llwch', a'r beirniad oedd y Prifardd T. James Jones. Roedd y llenor a'r ysgolhaig R. Geraint Gruffydd (1928-2015) yn Athro yn Adran y Gymraeg, Aberystwyth, pan oeddwn yn fyfyriwr yno. Bu'n Llyfrgellydd Llyfrgell Genedlaethol Cymru ac yn Gyfarwyddwr Canolfan Uwchefrydiau Cymreig a Cheltaidd Prifysgol Cymru.

## GOBAITH t.14
Roedd yr awdl hon yn fuddugol yng nghystadleuaeth y Gadair yn Eisteddfod Môn 2011: Bryngwran a'r Cylch. Testun y gystadleuaeth oedd 'Gobaith', a'r beirniad oedd y Prifardd Llion Jones.

1. Y cartref lle magwyd Eluned Mair Davies (1935–2009).

2. Ar 23 Tachwedd 1963, yn 28 oed, hwyliodd Mair Davies ar long yr *Arlanza* i Dde America i wasanaethu fel cenhades Gristnogol yn y Wladfa. Gwasanaethodd yno am 46 o flynyddoedd.

3. Treuliodd chwe mis yn ninas Bariloche yn dysgu Sbaeneg.

4. Cyrraedd Dyffryn Camwy.

5. Gwarchodaeth gyfandirol fwyaf y byd. Gwelir yma filoedd o bengwiniaid Magellan.

6. Codwyd capel yma yn 1883, ond nid oes dim o'i ôl bellach.

7. Capel Nasareth, Drofa Dulog, yw un o'r capeli yn Nyffryn Camwy y bu Mair Davies (neu *Miss Mair* fel y'i gelwid hi gan lawer) yn gwasanaethu ynddo.

## LLAWDRINIAETH t.27
Lluniais yr englyn hwn yn ystod taith o Gaerdydd i ogledd Cymru yn 2017. Roedd fy mam, Grace Roberts (1918-2018), wedi cael llawdriniaeth lwyddiannus yn Ysbyty Gwynedd.

## I GOFIO'R ATHRO BOBI JONES (1929-2017) t.32

Roedd yr Athro R. M. Jones / Bobi Jones yn ddarlithydd yn Adran y Gymraeg, Coleg Prifysgol Cymru, Aberystwyth, pan oeddwn yn fyfyriwr yno. Cyfrannodd at y gwaith o gyflwyno'r Gymraeg i siaradwyr newydd yr iaith.

## I ARFON JONES t.33

Mae'r cywydd hwn yn diolch i'r Dr Arfon Jones am ei waith yn paratoi beibl.net. Cyflwynwyd y cywydd iddo mewn gwasanaeth a gynhaliwyd ar 5 Mawrth 2020 yng nghapel Tabernacl, Yr Ais, Caerdydd, ar wahoddiad Eglwysi CYTÛN, i ddathlu pedwarcanmlwyddiant Beibl 1620.

## TRI CHYFAILL t.39

Hywel Wynne Jones, pensaer
Gareth John Williams, cyfreithiwr
Gareth Wyn Williams, llenor (1950-2021)

## MAIRLYN LEWIS (1930-2022) t.39

Hi oedd fy athrawes pan astudiwn y Gymraeg yn y Chweched Dosbarth yn Ysgol Glan Clwyd.

## GERAINT MORGAN (1924-2016) t.40

Athro ysgol a Gweinidog yr Efengyl.

## ARWR (Y Parch. Lewis Valentine (1893-1986) ) t.41

Cafodd y ddau hir-a-thoddiad hyn eu gwybrwyo gan y Prifardd Aled Gwyn yn Eisteddfod y Cymoedd, 2016. Cyhoeddwyd fy nghyfweliad teledu gyda Lewis Valentine yn *Lewis Valentine yn cofio*, gol. John Emyr, Gwasg Gee, 1983. Gw. hefyd Lewis Valentine, *Dyddiadur Milwr a Gweithiau Eraill*, gol. John Emyr, Gwasg Gomer, 1988

## ABERTAWE t.45
Rhwng 2011 a 2016 cefais y fraint o fynychu dosbarth cynghanedd dan arweiniad y Prifardd Robat Powell. Câi'r cyfarfodydd bryd hynny eu cynnal yn Nhŷ'r Cymry, Abertawe.

## UN NOS OLAU LEUAD t.48
Buddugol yng nghystadleuaeth y Delyneg yn Eisteddfod Genedlaethol Cymru Sir Ddinbych a'r Cyffiniau 2013. Y beirniad oedd Nesta Wyn Jones.

## DESMOND HEALY (1930-2021) t.49
Bu Howard Desmond Healy yn Bennaeth, dros nifer o flynyddoedd, yn Ysgol Glan Clwyd, Y Rhyl a Llanelwy.

## TELEDU t.50
Fe'm cyflwynwyd i faes y Gynghanedd gan yr Athro Bobi Jones. Roedd ei gwrs ysgrifennu creadigol arloesol yn rhan o'r cwrs gradd anrhydedd. Lluniais yr englyn hwn yn ystod un o arholiadau'r cwrs gradd.

## HEL ACHAU t.52
Soniodd Gerallt Gymro am duedd Cymry ei gyfnod ef i frolio eu hachau.

## SHANGRI-LA t.54
Cafodd y gân ysgafn hon ei hysgogi gan sgwrs gyda fy mam-yng-nghyfraith, Mair Eluned Davies (1929-2023), pan oedd hi yn Llys Morel, Penarth, ym mis Mehefin 2019. Doedd hi ddim wedi cael cyfle i ddod i'n cartref newydd yn Radur. Wrth i ni sôn am y cartref, dywedodd, 'Rydach chi'n mynd yn ôl rŵan i'ch Shangri-La.'

## GLENWOOD t.58
Fe'm gwahoddwyd i lunio'r englyn hwn ar gyfer agoriad swyddogol Gofod Llesiant Eglwys Glenwood, Caerdydd, ar ddydd Iau, 1 Rhagfyr 2022. Ar ddechrau'r agoriad, cyflwynwyd yr englyn i Brif Weinidog Cymru, Mark Drakeford.